陳福成著

陳福成著作全編

第四十七冊　古道・秋風・瘦筆

文史哲出版社印行

國家圖書館出版品預行編目資料

陳福成著作全編 / 陳福成著. -- 初版. --臺北
市：文史哲,民 104.08
頁： 公分
ISBN 978-986-314-266-9（全套：平裝）

848.6 104013035

陳福成著作全編

第四十七冊　古道・秋風・瘦筆

著　　者：陳　　福　　成
出 版 者：文 史 哲 出 版 社
http://www.lapen.com.tw
登記證字號：行政院新聞局版臺業字五三三七號
發 行 人：彭　　正　　雄
發 行 所：文 史 哲 出 版 社
印 刷 者：文 史 哲 出 版 社
臺北市羅斯福路一段七十二巷四號
郵政劃撥帳號：一六一八〇一七五
電話886-2-23511028・傳真886-2-23965656

全 80 冊定價新臺幣 36,800 元

二〇一五年（民一〇四）八月初版

ISBN 978-986-314-266-9 08981

陳福成著作全編總目

壹、兩岸關係

①決戰閏八月
②防衛大台灣
③解開兩岸十大弔詭
④大陸政策與兩岸關係

貳、國家安全

⑤國家安全與情治機關的弔詭
⑥國家安全與戰略關係
⑦國家安全論壇。

參、中國學四部曲

⑧中國歷代戰爭新詮
⑨中國近代黨派發展研究新詮
⑩中國政治思想新詮
⑪中國四大兵法家新詮：孫子、吳起、孫臏、孔明

肆、歷史、人類、文化、宗教、會黨

⑫神劍與屠刀
⑬中國神譜
⑭天帝教的中華文化意涵
⑮奴婢妾匪到革命家之路：復興廣播電台謝雪紅訪講錄
⑯洪門、青幫與哥老會研究

伍、詩〈現代詩、傳統詩〉、文學

⑰幻夢花開一江山
⑱赤縣行腳・神州心旅
⑲「外公」與「外婆」的詩
⑳尋找一座山
㉑春秋記實
㉒性情世界
㉓春秋詩選
㉔八方風雲性情世界
㉕古晟的誕生
㉖把腳印典藏在雲端
㉗從魯迅文學醫人魂救國魂說起
㉘六十後詩雜記詩集

陸、現代詩（詩人、詩社）研究

㉙三月詩會研究
㉚我們的春秋大業：三月詩會二十年別集
㉛中國當代平民詩人王學忠
㉜讀詩稗記
㉝嚴謹與浪漫之間
㉞一信詩學研究：解剖一隻九頭詩鵠
㉟囚徒
㊱胡爾泰現代詩臆說
㊲王學忠籲天詩錄

柒、春秋典型人物研究、遊記

㊳山西芮城劉焦智「鳳梅人」報研究
㊴在「鳳梅人」小橋上

㊵我所知道的孫大公
㊶為中華民族的生存發展進百書疏
㊷金秋六人行
㊸漸凍勇士陳宏

捌、小說、翻譯小說

㊹迷情・奇謀・輪迴、
㊺愛倫坡恐怖推理小說

玖、散文、論文、雜記、詩遊記、人生小品

㊻一個軍校生的台大閒情
㊼古道・秋風・瘦筆
㊽頓悟學習
㊾春秋正義
㊿公主與王子的夢幻、
51洄游的鮭魚
52男人和女人的情話真話
53台灣邊陲之美
54最自在的彩霞
55梁又平事件後

拾、回憶錄體

56五十不惑
57我的革命檔案
58台大教官興衰錄
59迷航記、
60最後一代書寫的身影
61我這輩子幹了什麼好事
62那些年我們是這樣寫情書的
63那些年我們是這樣談戀愛的
64台灣大學退休人員聯誼會第九屆理事長記實

拾壹、兵學、戰爭

65孫子實戰經驗研究
66第四波戰爭開山鼻祖賓拉登

拾貳、政治研究

67政治學方法論概說
68西洋政治思想史概述
69中國全民民主統一會北京行
70尋找理想國：中國式民主政治研究要綱
71大浩劫後：日本311天譴說
日本問題的終極處理

拾參、中國命運、喚醒國魂

72台大逸仙學會

拾肆、地方誌、地區研究

73台北公館台大地區考古・導覽
74台中開發史
75台北的前世今生
76台北公館地區開發史

拾伍、其他

77英文單字研究
78與君賞玩天地寬（文友評論）
79非常傳銷學
80新領導與管理實務

總序：陳福成的一部文史哲政兵千秋事業

陳福成先生，祖籍四川成都，一九五二年出生在台灣省台中縣。筆名古晟、藍天、司馬千、鄉下人等，皈依法名：本肇居士。一生除軍職外，以絕大多數時間投入寫作，範圍包括詩歌、小說、政治（兩岸關係、國際關係）、歷史、文化、宗教、哲學、兵學（國防、軍事、戰爭、兵法），及教育部審定之大學、專科（三專、五專）、高中（職）等各級學校國防通識（軍訓課本）十二冊。以上總計近百部著作，目前尚未出版者尚約二十部。

我的戶籍資料上寫著祖籍四川成都，小時候也在軍眷長大，初中畢業（民57年6月），投考陸軍官校預備班十三期，三年後（民60）直升陸軍官校正期班四十四期，民國六十四年八月畢業，隨即分發野戰部隊服役，到民國八十三年四月轉台灣大學軍訓教官。到民國八十八年二月，我以台大夜間部（兼文學院）主任教官退休（伍），進入全職寫作高峰期。

我年青時代也曾好奇問老爸：「我們家到底有沒有家譜？」

他說：「當然有。」他肯定說，停一下又說：「三十八年逃命都來不及了，現在有個鬼啦！」

兩岸開放前他老人家就走了，開放後經很多連繫和尋找，真的連鬼都沒有了，茫茫無垠的「四川北門」，早已人事全非了。

但我的母系家譜卻很清楚，母親陳蕊是台中縣龍井鄉人。她的先祖其實來台不算太久，按家譜記載，到我陳福成才不過第五代，大陸原籍福建省泉州府同安縣六都施盤鄉馬巷。

第一代祖陳添丁、妣黃媽名申氏。從原籍移居台灣島台中州大甲郡龍井庄龍目井字水裡社三十六番地，移台時間不詳。陳添丁生於清道光二十年（庚子，一八四〇年）六月十二日，卒於民國四年（一九一五年），葬於水裡社共同墓地，坐北向南，他有二個兒子，長子昌，次子標。

第二代祖陳昌（我外曾祖父），生於清同治五年（丙寅，一八六六年）九月十四日，卒於民國廿六年（昭和十二年）四月二十二日，葬在水裡社共同墓地，坐東南向西北。陳昌娶蔡匏，育有四子，長子平、次子豬、三子波、四子萬芳。

第三代祖陳平（我外祖父），生於清光緒十七年（辛卯，一八九一年）九月二十五日，卒於（年略記）二月十三日。陳平娶彭宜（我外祖母），生光緒二十二年（丙申，一八九六年）六月十二日，卒於民國五十六年十二月十六日。他們育有一子五女，長子陳火，長女陳變、次女陳燕、三女陳蕊、四女陳品、五女陳鶯。

以上到我母親陳蕊是第四代，到筆者陳福成是第五代，與我同是第五代的表兄弟姊妹共三十二人，目前大約半數仍在就職中，半數已退休。

寫作是我一輩子的興趣，一個職業軍人怎會變成以寫作為一生志業，在我的幾本著作都詳述（如《迷航記》、《台大教官興衰錄》、《五十不惑》等」。我從軍校大學時代開始寫，從台大主任教官退休後，全力排除無謂應酬，更全力全心的寫（不含為教育部編著的大學、高中職《國防通識》十餘冊）。我把《陳福成著作全編》略為分類暨編目如下：

壹、兩岸關係

①《決戰閏八月》②《防衛大台灣》③《解開兩岸十大弔詭》④《大陸政策與兩岸關係》。

貳、國家安全

⑤《國家安全與情治機關的弔詭》⑥《國家安全與戰略關係》⑦《國家安全論壇》。

參、中國學四部曲

⑧《中國歷代戰爭新詮》⑨《中國近代黨派發展研究新詮》⑩《中國政治思想新詮》⑪《中國四大兵法家新詮：孫子、吳起、孫臏、孔明》。

肆、歷史、人類、文化、宗教、會黨

⑫《神劍與屠刀》⑬《中國神譜》⑭《天帝教的中華文化意涵》⑮《奴婢妾匪到革命家之路：復興廣播電台謝雪紅訪講錄》⑯《洪門、青幫與哥老會研究》。

伍、詩〈現代詩、傳統詩〉、文學

⑰《幻夢花開一江山》⑱《赤縣行腳・神州心旅》⑲《「外公」與「外婆」的詩》、⑳《尋找一座山》㉑《春秋記實》㉒《性情世界》㉓《春秋詩選》㉔《八方風雲性情世界》㉕《古晟的誕生》㉖《把腳印典藏在雲端》㉗《從魯迅文學醫人魂救國魂說起》㉘《60後詩雜記詩集》。

陸、現代詩（詩人、詩社）研究

㉙《三月詩會研究》㉚《我們的春秋大業：三月詩會二十年別集》㉛《中國當代平民詩人王學忠》㉜《讀詩稗記》㉝《嚴謹與浪漫之間》㉞《一信詩學研究：解剖一隻九頭詩鵠》㉟《囚徒》㊱《胡爾泰現代詩臆說》㊲王學忠籲天詩錄。

柒、春秋典型人物研究、遊記

㊳《山西芮城劉焦智「鳳梅人」報研究》㊴《在「鳳梅人」小橋上》㊵《我所知道的孫大公》㊶《孫大公思想主張手稿》㊷《金秋六人行》㊸《漸凍勇士陳宏》。

捌、小說、翻譯小說

㊹《迷情・奇謀・輪迴》㊺《愛倫坡恐怖推理小說》。

玖、散文、論文、雜記、詩遊記、人生小品

㊻《一個軍校生的台大閒情》㊼《古道・秋風・瘦筆》㊽《頓悟學習》㊾《春秋正義》㊿《公主與王子的夢幻》51《洄游的鮭魚》52《男人和女人的情話真話》53《台灣邊陲之美》54《最自在的彩霞》55《梁又平事件後》。

拾、回憶錄體

56《五十不惑》57《我的革命檔案》58《台大教官興衰錄》59《迷航記》60《最後一代書寫的身影》61《我這輩子幹了什麼好事》62《那些年我們是這樣寫情書的》63《那些年我們是這樣談戀愛的》64《台灣大學退休人員聯誼會第九屆理事長記實》。

拾壹、兵學、戰爭

65《孫子實戰經驗研究》66《第四波戰爭開山鼻祖賓拉登》。

拾貳、政治研究

(67)《政治學方法論概說》(68)《西洋政治思想概述》(69)《中國全民民主統一會北京行》(70)《尋找理想國：中國式民主政治研究要綱》。

拾參、中國命運、喚醒國魂

(71)《大浩劫後：日本 311 天譴說》、《日本問題的終極處理》(72)《台大逸仙學會》。

拾肆、地方誌、地區研究

(73)《台北公館台大地區考古・導覽》(74)《台中開發史》(75)《台北的前世今生》(76)《台北公館地區開發史》。

拾伍、其他

(77)《英文單字研究》(78)《與君賞玩天地寬》（別人評論）(79)《非常傳銷學》(80)《新領導與管理實務》。

我這樣的分類並非很確定，如《謝雪紅訪講錄》，是人物誌，但也是政治，更是歷史，說的更白，是兩岸永恆不變又難分難解的「本質性」問題。

以上這些作品大約可以概括在「中國學」範圍，如我在每本書扉頁所述，以「生長在台灣的中國人為榮」，以創作、鑽研「中國學」，貢獻所能和所學為自我實現的途徑，以宣揚中國春秋大義、中華文化和促進中國和平統一為今生志業，直到生命結束。我這樣的人生，似乎滿懷「文天祥、岳飛式的血性」。

抗戰時期，胡宗南將軍曾主持陸軍官校第七分校（在王曲），校中有兩幅對聯，一是「升官發財請走別路、貪生怕死莫入此門」，二是「鐵肩擔主義、血手寫文章」。前聯原在廣州黃埔，後聯乃胡將軍胸懷，「鐵肩擔主義」我沒機會，但「血手寫文章」的

「血性」俱在我各類著作詩文中。

人生無常，我到六十三歲之年，以對自己人生進行「總清算」的心態出版這套書。

回首前塵，我的人生大致分成兩個「生死」階段，第一個階段是「理想走向毀滅」，年齡從十五歲進軍校到四十三歲，離開野戰部隊前往台灣大學任職中校教官。第二個階段是「毀滅到救贖」，四十三歲以後的寫作人生。

「理想到毀滅」，我的人生全面瓦解、變質，險些遭到軍法審判，就算軍法不判我，我也幾乎要「自我毀滅」；而「毀滅到救贖」是到台大才得到的「新生命」，我積極寫作是從台大開始的，我常說「台大是我啟蒙的道場」有原因的。均可見《五十不惑》、《迷航記》等書。

我從年青立志要當一個「偉大的軍人」，為國家復興、統一做出貢獻，為中華民族的繁榮綿延盡個人最大之力，卻才起步就「死」在起跑點上，這是個人的悲劇和不智，正好也給讀者一個警示。人生絕不能在起跑點就走入「死巷」，切記！切記！讀者以我為鑒！在軍人以外的文學、史政有這套書的出版，也算是對國家民族社會有點貢獻，對自己的人生有了交待，這致少也算「起死回生」了！

順要一說的，我全部的著作都放棄個人著作權，成為兩岸中國人的共同文化財，而台北的文史哲出版有優先使用權和發行權。

這套書能順利出版，最大的功臣是我老友，文史哲出版社負責人彭正雄先生和他的夥伴們。彭先生對中華文化的傳播，對兩岸文化交流都有崇高的使命感，向他和夥伴致上最高謝意。

台北公館蟾蜍山萬盛草堂主人　陳福成　誌於二〇一四年

五月榮獲第五十五屆中國文藝獎章文學創作獎前夕

序詩：一支瘦瘦的筆

一支瘦瘦的筆
名字叫春秋
崇壽二千五
亙古以來
總孤伶伶地站在一個孤冷的制高點
冷靜鑑裁赤縣大地
臧否每一棋局之各造
天空大地與江海都是我按察範圍
我永恆不老　不受威脅

面對任何困境　無不以挺拔的身子
頂天立地
且在當下　眼睛睜的大大
堅持是唯一的路
以春秋正義的統一規格寫春秋

當天下不可為
蒼生的悲苦我知道，但不以物悲
當天下可為亦不以為喜
堅守天職　忠誠記實　公正褒貶
我只是一支孤獨的筆
如老僧入定般沒有情緒
專心一志修煉歷史所給予的神聖使命
我個頭不高，提筆無不從春秋的高度

常引火焚身，但刀劍權力終必在我前面伏首
尤其那些亂臣賊子篡竊者
一見我就怕
我是一支可以穿透歷史時空的筆
在神州大地上追求無盡的永恆正義
完成可以代代傳承的春秋史記

寫於二〇一〇年春台北

古道・秋風・瘦筆

目 錄

「天涯海角」同路人：左起：百鴻、梁哥、本書作者、阿旺、阿賢、老范

青溪文友，左起（立）：羅清標、鍾順文、邱琳生、陳福成、蔡雪娥、吳元俊、台客、彭正雄、金筑、林宗源；左起（蹲）：林智誠、蔡麗華、羅玉葉、賴世南

本（陸官 44）期同學退伍後，定期在台大僑光堂（今鹿鳴堂）聚會已歷七年。前排左：盧志德、本書作者陳福成、陳家祥、童榮南；後排左起：袁國台、解定國、黃富陽、林鐵基、周小強

文壇夥伴，左起：陳福成、落蒂、彭正雄、林靜助、林精一。
2008 年 6 月在漁人碼頭

香格里拉的少數民族（雲南，洪玲妙攝，2007 年）

黃山一景

黄山一景

黄山附近的宏村古村

杭州西湖岳王廟

北京故宫乾清宫前

北京　頤和園，十七孔橋

北京紫禁城　午門和內金水河

海南省　南山　2008 年

北京　2007 年

張家界

嘉明湖（台灣，陳福成攝，2002 年）

香格里拉田園（雲南，洪玲妙攝，2007 年）

廣西名仕園，陳鳳嬌攝，2008 年

三江併流（雲南，洪玲妙攝，2007 年）

廣西德天瀑布（左半越南，右半中國，陳鳳嬌攝，2008 年）

第九戰區第二兵團總司令部獎狀
上等兵 潘志高 康頭山
戰役奮發
榮譽負傷特給獎狀
以表忠勇救國之功
此狀
總司令
中華民國二十七年十月 日

2元
中国人民邮政

毋忘在莒
民國四十一年元月
蔣中正
陳秀梅
小朋友

神州大地

八二三砲战全体官兵合影

南京總理陵大門

阿美文化村
花蓮阿美文化村
AMI CULTURAL VILLAGE, HUALIEN
TAIWAN CHINA TEL..23571
演出時間 PERFORMANCES ·· 2.20 3.20 8.00

神州大地

失落的記憶

第一輯　春秋人物：黃埔二十八期孫大公

孫大公（中間西裝者）和他的子弟兵們，二〇〇七年十月二日，攝於台北國軍英雄館。前排左起：桑鴻文、韓敬樾、陳福成（本書作者）、虞義輝、孫大公、石忠勝、周至聖、周小強夫婦。後站左起：陳馨、□□□、王忠義、薛立君、趙保晨、李龍儀、解定國、周定遠、朱湯榮、江文、陳家祥、□□□、張克難、汪紹南、盧志德、陸瑜、張哲豪、梁又平。

孫大公的學生時代

有關我黃埔老大哥、陸軍官校二十八期孫大公學長的事蹟，我在民國九十五年間，時正當陳水扁僞政權即將拖垮中華民國，使全台沉淪之際，我欲找一位具有春秋典範的「現代人物」，給當時的青年（尤其軍人）警示，期能喚醒國魂和軍魂。

我找到的，正是這位我黃埔二十八期的老大哥。當時我寫了一篇文章，題名「爲挽救國魂之沉淪找尋一位當代典範人物：孫大公的精忠報國歷程與反思」，約一萬字。該文發表在「華夏春秋」雜誌（台北，華夏春秋雜誌社，第五期，二〇〇六年十月號）。後又將該文收在余所著「春秋正義」一書（台北，文史哲出版社，文學叢刊，民九十六年十二月初版）。亦期待能廣爲流傳，啓蒙孤島上這群思想饑餓、人心沉淪的子民。

是後的幾年，我忙於其他著作，但一顆心仍掛在這位老長官身上，因爲孫大公學長也是我在民國五十七年進陸官預備班十三期的老營長。我不時想著能在這位大學長身上再「挖出一些東西」，以他一生特別而豐富的事蹟，深值筆之於書，而前面那篇一萬多字的文章，只不過是一個簡介。

感謝佛陀給我好因緣，我得到老長官的信賴，給我更多的「水、水泥和沙」，我「攪拌」出多篇文章，本文專述孫大公的學生時代。

孫大公於民國四十二年從當時的台北工專畢業，服完預備軍官役後，於四十四年九月八日正式爲爲陸軍官校二十八期入伍生的一員。由於他的優秀、忠貞，及其具有當代青年投筆從戎的代表性，他得到中國國民黨特種黨部所頒，第八次全國代表大會代表證書。對一個大二學生而言，這是一項殊榮，同時得到蔣經國先生手書「堅百忍以圖成」教言，對青年學子更是一個無上之鼓舞。

民國四十六年，孫學長二十六歲吧！如此年青而獨得眾多學子不可得之殊榮，會不會「忘了我是誰呢？」得意忘形，或變得驕傲不可一世呢？這對一個人而言，已是五十三年前的「古代史」了，如何去

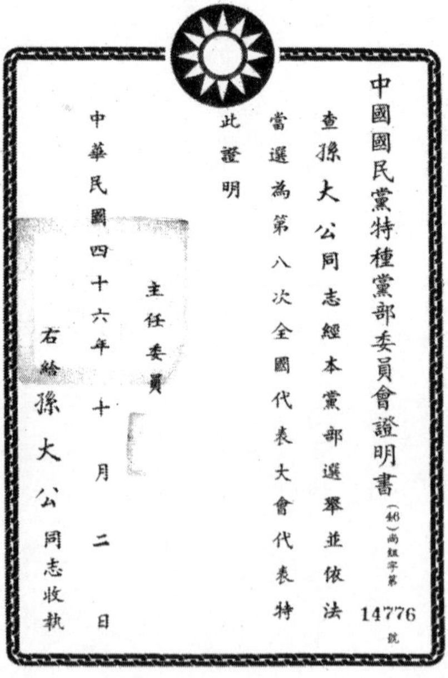
中國國民黨特種黨部委員會證明書 (46)尚組字第14776號

查孫大公同志經本黨部選擧並依法當選為第八次全國代表大會代表特此證明

主任委員

右給孫大公同志收執

中華民國四十六年十月二日

「查證」呢？想必也無從查起。我個人雖也軍人出身，但半生治史及學術研究，尤其在人物誌的寫作上，應嚴守「一分證據說一分話、沒有證據不說話」之原則。就算是身爲一個「作家」或「詩人」的我，亦銘記真誠是作家創作作品最重要的特質之「行話」。

是故，我不言孫學長以一個學生身份，竟能「集三千寵愛在一身」，能不驕傲乎？能不「眼睛長在頭頂上」乎？

但我卻能論證這位大學長從此更努力、更謙虛的學習。因爲就在民國四十八年，他以第二名畢業的優異成績，榮獲保送美國裝甲兵學校初級班受訓，同獲保送尚有羅文山（後曾任警備總司令）同學。當時任裝甲兵司令的蔣緯國將軍特給二人寫一賀函，「致君等以學行優異、榮獲保送美國裝校。並期待來日學成歸國，我裝甲兵陣營又將增添生力軍，殊可先爲慶幸等等。」

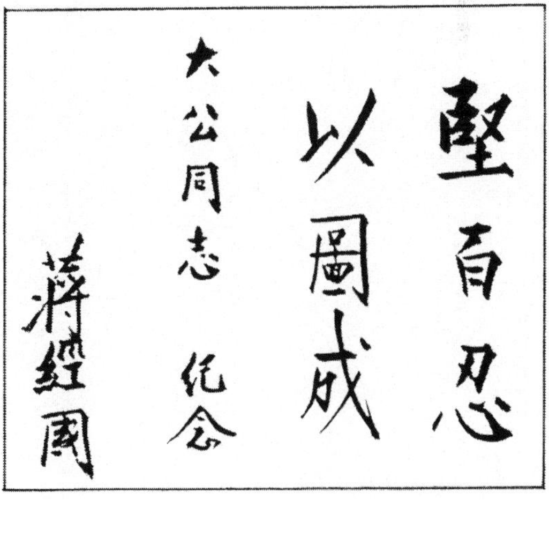

筆者也曾從陸官學生時代一路走來，我很能理解那種「感覺」，我期全期有六百餘

位同學，多的是出類拔粹者。其中，深諳爲將之道者，如路復國、許立孟、虞義輝、李立中、劉北辰等；有外交政治上之奇才，如朱湯榮、周志聖；有目前仍是學術界之泰斗，如張克章、虞義輝博士。另有書法家李金山、舞林界教授張哲豪（原名張國英）、英語補習界之大山頭劉建民。更有古今難有的「儒將」，博士將軍雙料的虞義輝同學，惟筆者，文藝界朋友給以「作家、詩人」的安慰獎。

我在學生時代屬於不活躍又不夠聰明的人，所謂的前幾名或保送美國之事，絕不可能掉在我身上，只是偶爾愛寫一些東西在校刊上發表，以示自己的存在。而我前面舉的那些同學，有多位在學生時代和孫大公學長一樣，就已是一顆閃亮的星星，集眾人羨慕眼光於一身，只恨自己爲甚

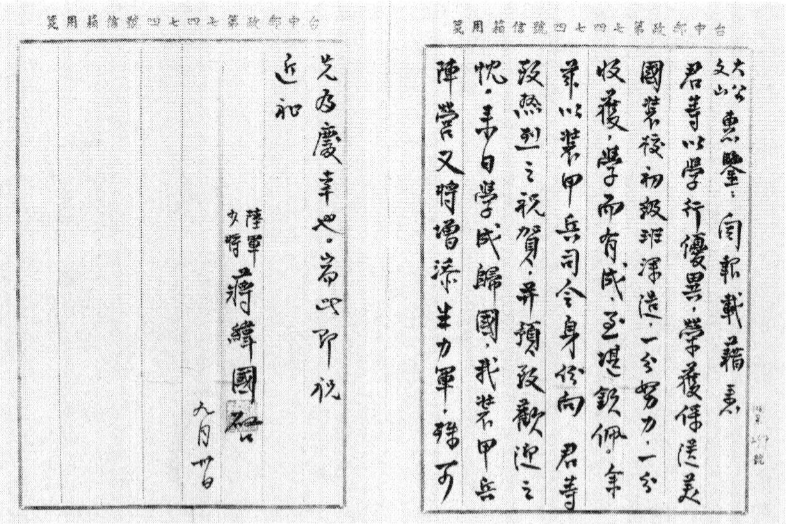
台中郵政第七四七號信箱用箋

大公 文山 惠鑒：閱報載藉悉
君等以學行優異，學獲保送美
國裝校初級班深造，一分努力，一分
收獲，學而有成，至堪欽佩。本
人以裝甲兵司令身份向 君等
致熱烈之祝賀，并預致歡迎之
忱。異日學成歸國，我裝甲兵
陣營又將增添生力軍，殊可
先為慶幸也。尚此即祝
近祉
陸軍少將 蔣緯國 啓
九月廿日

麼不也是一顆更閃亮的星星。

所以，我說我很能感受那種「感覺」。明星的生活當然和「普通人」不一樣，這位「集三千寵愛在一身」的孫大公學長，他的學生時代生活點滴又如何？我在追蹤研究中，挖出他學生時代幾篇日記，就由當事人自己說話好了。

戰鬥——記學生營野營四日

第四連　孫大公

暑期訓練已近尾聲，為了把九週來所學得的戰鬥技能，作個總複習起見，全營特在大貝湖舉行了一次野營戰鬥演習，為期四天，一方面藉此測知同學對各個兵戰鬥動作領悟的程度，另一方面又可使同學體會一下戰場的實況，實在是一舉兩得，意義深長。

全武裝邁進——雄壯！

康樂車伴送——心暢！

星期一下午一時正，全營在司令台前集合完畢，開始出發，按照一二三四連的順序，向大貝湖邁進。每個人都是全付武裝、白手套、大皮鞋，加上嘹亮的歌聲，整齊的步伐，所以在穿過鳳山鎮時，居民都露出欽羨之色，暗暗讚佩。整個行程共費一小時五十分鐘，雖然太陽熱了些，背包重了些，皮鞋硬了些，可是由於康樂車播放的音樂，和播音小姐甜美聲調的鼓舞，同學都愈走愈有勁，沒有一個甘願落伍的。到達之後，立刻架設營幕，以班為單位，十個人一個蓬帳，依山傍水而築。周遭林木蓊鬱，鳥鳴清脆，靜謐佈滿四處，若不是手舞圓鍬，頭灑汗珠，倒真有出塵之感！

當大家正在摸黑晚餐的時候，突然兩顆明星，自天而降；一顆是美麗多藝的葛蘭，一顆是老練圓滑的洪波，他們二位應本校某同學之邀，特自左營趕來慰勞，因事前大家俱無所聞，給我們帶來了意外的驚喜。倉促間搭台不及，又無樂隊，只得在克難的方式下，葛蘭清唱一曲，以慰眾勞。

強行軍急如箭逝　警戒兵勇擒犯敵

晨光微喜，大貝湖尚在睡夢之中，淡淡的薄霧，籠罩著靜靜的湖面，輕輕的微風，播弄著樹顛，像在打著叮欠，太陽半睜著一隻惺忪的睡眼，懶懶地瞧著我們行進的行列。今天我們輕武裝，換膠鞋，踏著輕快的步伐，走向十六公里外的楠梓，為要名符其實的「強」行軍，所以我們只花了三小時，就趕到了目的地。

前半段路程多屬山路，翻山越嶺，腳起塵揚，較為辛苦一點。後半段走上縱貫省道！平坦乾淨，還有閒空旁眺山色，解了不少疲勞。同學個個精神飽滿，勇往直前。最值得稱道的「是播音小姐不願坐在康樂車上獨享清福，情願走下車來，和我們一齊步行，同學睹此，那肯示弱，因此士氣振奮，在很輕鬆愉快的情緒下抵達楠梓。

中午吃的乾糧，點飢而已，下午回程中，邊走邊演習尖兵班搜索，伏敵皆為我英勇尖兵驅逐消滅。入晚演習駐軍間警戒，整個營區都被我步哨包圍，同學雖經一日勞頓，也仍打起精神，嚴密監視，奈因初次演練，經驗不夠，被戰士化裝的假設敵滲入一人，大放鞭炮，於此危急之際，營內衛兵奮不顧身，直撲而前，經一番激烈的格鬥，頑敵終俯首就擒，全營得以保全。

攻擊者誓奪山頭　防禦者與地偕亡

第三日整日為班攻防對抗，全營分作兩組，上午第一組攻擊，第二組防，下午對調。整個正面綿亙數個山頭，因此搶聲震耳，遍山皆人。開始時，防禦的班構築工事，編成火網，攻擊的班加強偽裝，秘匿行動。每班都分配有指導官，隨時付予情況，以情況來誘導演習。當攻擊者接近陣地，雙方即將白刃戰的時候，此時因攻擊者攻擊精神旺盛，有誓奪陣地的決心；而防禦者守土信心堅定，有與地偕亡的準備，為避免假戲真做起見，所以在快要短兵相接的一霎那，雙方停止動作，由指導官來判定，誰亡誰勝，可見事前計劃之周詳，與同學演習之逼真。

晚間由高雄請來幾位歌女，和一個樂隊，唱得人昏昏欲睡，還是第四連兩位同學來了一段相聲，倒博得滿堂喝采。

別有情趣村落戰 威風凜凜拔營回

天將破曉，同學好夢正酣，突然緊急集合號響，吹得人心弦震顫，幸虧平時訓練有素，同學皆能鎮靜著裝，及時趕赴集合場。在這次野營中，夜間緊急集合是一項重要的科目，尤其在接連三天的疲勞以後，有意試試你能否堅忍到最後五分鐘，能否把握住這決勝的因素。

夢裡——美麗的名字，破落的村莊。我們利用這個地形複雜的小村落，來演習班的村落攻防對抗。

村落戰在各種不同的戰法裡，是很辣手的一種，它對攻防雙方都有利，也可以說對雙方都有害；攻者得利用死角掩護前進，守者能利用隱蔽佈防，並可設置詭雷，挖掘陷阱，所以我們這次攻防戰中，大家把情況想得很真，演習起來，也就覺得趣味盎然了。

在這住屋零星散佈的情形下，隨處都有中伏的可能，於是攻擊的人端著槍，踮著腳，像個才出洞的老鼠，東張西望，碰上一條黃狗，也會嚇一大跳，而防禦的人卻躲在屋角，眼望著慢慢摸索前來的敵人，暗暗微笑，預備手到擒來，捉個活的，誰知正當肥肉進口的當兒，冷不防背後一聲：「不要動！」自己反被敵人活捉去了。

村子裡的雞鴨貓狗，被槍聲驚得亂飛亂跳。小孩子和大人們，都瞪著大眼，與緻勃勃地看我們演習。這村裡最引起我們兩種強烈情感的，是毛坑散出的臭味，和廚房溢出的飯香。

演習於十時完畢，我們趕回營地，自己炊餐，這一頓飯吃得又飽又香，大家還互相賣瓜——自誇。飯後全營集合，以樹為幕，以含羞草為褥，坐在那裡聽教官與教育長講評，歷兩小時完畢。

拔營後於三時出發，同學都歸心似箭，想早些回到闊別四日的母校。沿途康樂車與救護車仍然伴送，播音小姐也不時提醒我們最後五分鐘的重要。

漸漸行近鳳山，學校的軍樂隊已早在那裡相迎了，待我們一到，他們就走在前面開路，吹吹打打，好不熱鬧。我們服裝和去的時候一樣，只少了背包，同學們走得整齊精神，顯示出不屈不撓的毅力。路人都駐足而觀，擠滿了街道的兩旁，很興奮地欣賞這一支年菁英發的隊伍。軍樂隊一直送我們到操場，由營長簡短訓話以後，結束了這四天戰鬥演習的野營生活。

老長官的日記喚醒所有「黃埔人」的回憶，自中山先生與老校長蔣公建立黃埔軍校以來從一期的老大哥，到廿一世紀已是第十年頭剛入伍的「入伍生」，都要經過「打野外」、「攻山頭」及各種野營等戰鬥教練歷程，甘苦滴點在心頭，黃埔同學碰面都是永恆的話題。

如我期，大致在民國六十到六十四年在校，若預備班十三期（筆者是）則前推到五十七年。那些日子，多少個黃昏，多少個夕陽，我們在「七么四高地」、「六么二高地」、「配水池」等地打野外、攻山頭，也曾行軍到大貝湖，如今回憶起來，都已是半個世紀前的歷史。當年六百餘同學畢業，如今在職只剩五人（未查），而很多人也已去了西方極樂世界。幾年前鍾聖賜同學先走了，我和虞義輝、張哲豪三人到病榻前看望，鍾

陸軍總司令部獎狀 (58)[illegible]字第0127號

陸軍裝甲兵中尉孫大
公於留學美國期間因
重視國民外交工作忠
誠愛國表現優良特頒給
獎狀以示獎勵

此狀

總司令
陸軍二級上將　劉安祺

中華民國五十八年一月十九日

同學還笑說：「我先到西方極樂世界，到那邊也要考軍校，先到的當學長，你們後到當學弟，我會照顧你們後來的！」

寫到這裡，一顆眼淚還是禁不住的，要掉下來。但，這是多麼真誠的感情，我們生爲「黃埔人」，走了也帶著「黃埔魂」。

孫大公學長自陸軍官校畢業後，不久考上第一屆國防公費，到美國普度大學修習土木。因在美期間他也致力於國民外交工作，又獲多項肯定及高層頒獎鼓勵。

某日，黨國元老黃杰先生，給孫學長一函，邀同余琨生、簡熊泰、崔德望、陳秉民諸位老弟，一同光臨餐敘。這幾位都是當時的青年才俊，深獲各級黨國高層器重，故有此殊榮。

查同志經駐美中留學生分部
代表大會選舉為第二屆委員會
委員並經駐美中文部轉呈
本組核准備案希克勤厥職領
導同志發展黨務毋負
總裁之期望此致
孫大公同志
中國國民黨中央委員會第三組主任 馬樹禮
中華民國五十二年七月 日
海三(52)字第5742號

臺灣警備總司令部用箋

大公世兄
茲訂本月十一日十二時在南京東
路四段羽球館便酌希邀同余琨
生簡熊泰崔德鎏陳秉民諸位
老弟一聚
光降為盼　此詢
近祉

黃杰　頓首

當台灣處於風雨飄搖之際的孫大公

我極力回想四十年前的往事，個人的事，似已一片茫茫，想不起細節。但對於國事，卻仍清楚的很，當時我國所面臨的國際環境產生鉅變。

這種「鉅變」，現在想起來，再從大歷史觀察，事實上是很自然的事，是國際叢林的「常態」，如水往低處流那樣自然。只是人對於「變局、變化」，如人、事、時、地、物的改變，通常有恐懼感，這也是人心理的常態。改變的速度、規模愈大，恐懼感愈大，世上能勇於面對鉅變而無懼者不多。

當民國六十年底，聯合國通過「排我納匪」案，孫大公已卸任營長職務，接任陸軍官校軍工

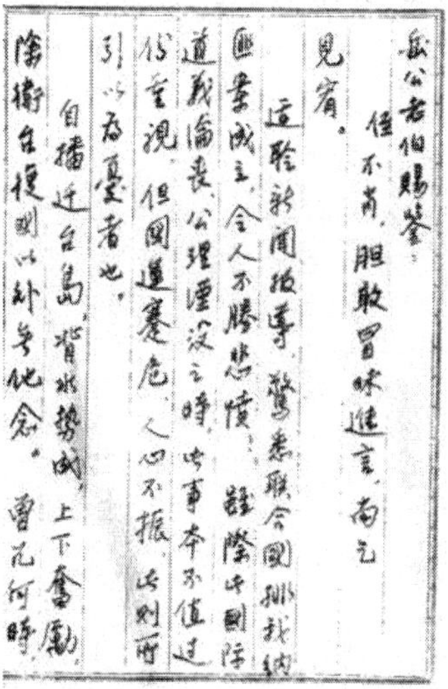
岳公老伯賜鑒：
侄不肖，胆敢冒昧進言，尚乞
見宥。
近聆新聞報導，驚悉聯合國排我納匪案成立，令人不勝悲憤。雖際此國際道義淪喪，公理湮沒之時，此事本不值過份重視，但國運蹇危，人心不振，此則所引以為憂者也。
自播遷台島，背水勢成，上下奮勵，保衛台復興以外無他念。曾几何時，

系主任，這年也正是他「四十不惑」。他果然以不惑、無懼的心情，寫一封信給當時的黨國元老張群先生（如影印本）。大意說，國際道義淪喪，公理淹沒，而國運蹇危，人心不振，此則所引以爲憂者也。曾幾何時，經濟繁榮，淹沒一切，環顧國內，奢靡是競，渾忘「宴安酖毒」「多難興邦」之義。

如今風浪更惡，不自強實無以圖存，不革新將難言復國。長者國之元勛，萬民景崇，若登高一呼，定可起敝振衰，先安內而後攘外，茲集眾議，擇急切當行，不可須臾緩者，臚列於後，敬供參考：

㈠起用新人。

㈡根絕貪污。

㈢提高行政效率。

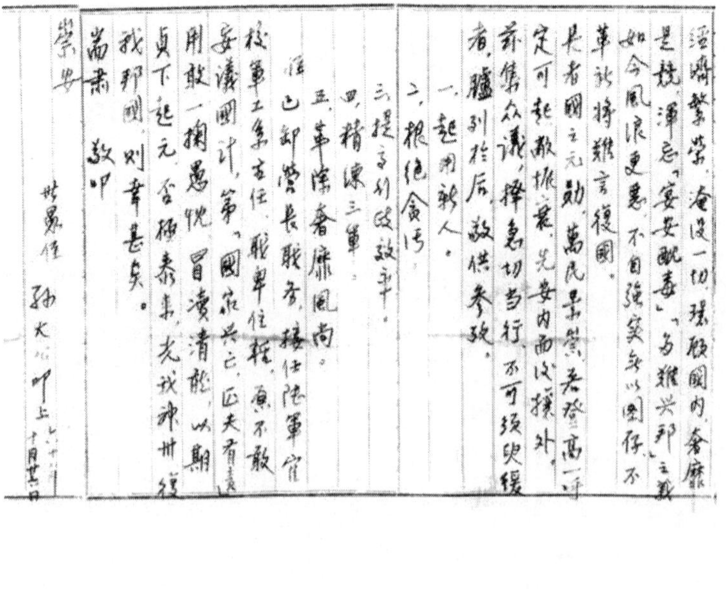

經濟繁榮，淹沒一切，環顧國內，奢靡是競，渾忘「宴安酖毒」「多難興邦」之義。如今風浪更惡，不自強實無以圖存，不革新將難言復國。長者國之元勛，萬民景崇，若登高一呼，定可起敝振衰，先安內而後攘外，茲集眾議，擇急切當行，不可須臾緩者，臚列於後，敬供參考。

一、起用新人。

二、根絕貪污。

三、提高行政效率。

四、精練三軍。

五、革除奢靡風尚。

侄已卸營長職務，接任陸軍官校軍士隊主任，職卑任輕，原不敢妄議國計，第以國家興亡，匹夫有責，用敢一攄愚忱，冒瀆清聽，以期貞下起元，否極泰來，光我神州，復我邦國，則幸甚矣。肅肅 敬叩

崇安

世愚侄 孫大公 叩上

十月廿二日

㈣精練三軍。

㈤革除奢靡風尚。

孫大公以「國家興亡、匹夫有責」的熱情寫這封信，確實也寫的文情並茂，有禮有節有度。極簡單的條列出五項。是當時國家政治上極待興革的五大內容。起用新人應是直指大陸來台老一輩各級官員或老國代等，到了「新陳代謝」的時間，不「代謝」掉，將對「身體」不好，難以應付鉅變。「貪污」似乎是古今中外所有政權的問題，權力到底該不該集中？或集中到何種程度？才不會有人貪污。或者，權力集不集中，根本和貪污無關，全世界這麼多國家制度，無一可以用來解釋這個問題，看來全世界的政治學家還得努力，從「現象」中找出「理論」，以理

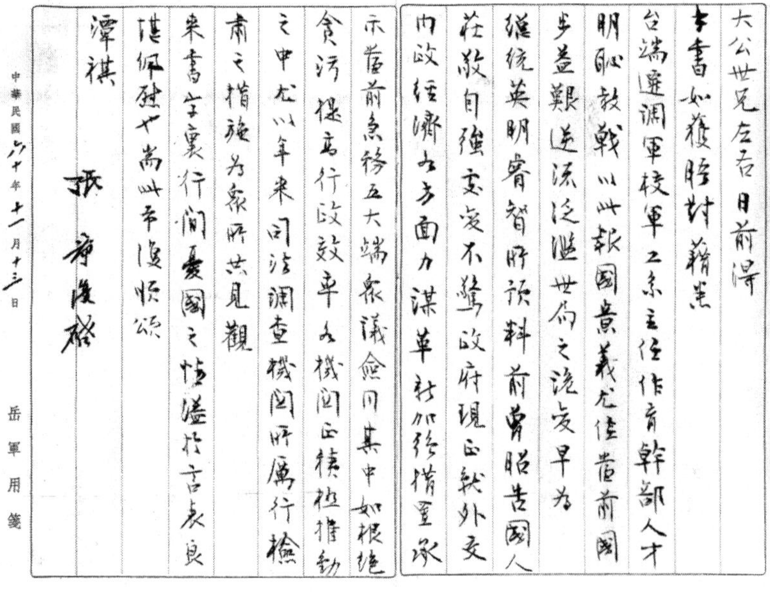
大公世兄左右：日前得
來書，如獲晤對，藉悉
台端遴調軍校軍工系主任，作育幹部人才，
明恥教戰，以此報國，意義尤佳。當前國
步益艱，逆流泛濫，世局之詭，安早為
總統英明睿智所預料，前曾昭告國人
莊敬自強，處變不驚。政府現正就外交、
內政、經濟各方面力謀革新，加緊措置，承
示當前急務五大端，眾議僉同，其中如根絕
貪污，提高行政效率各欄，向正積極推動
之中，尤以年來司法調查機關所厲行檢
肅之措施，為眾所共見。觀
來書字裏行間，愛國之情溢於言表，良
堪佩慰也。尚此奉復，順頌
潭祺
張群 復啓
中華民國六十年十一月十三日
岳軍用箋

論爲「刀」治國，看能否根絕貪污！

蔣公走後，經國先生慢慢掌握實權，進行一連串行政革新，台灣不僅度過難關，且開創新局，比美大唐「貞觀之治」，這是史家的肯定，也是春秋之筆秉筆直書，是爲後世典範。可見貪污和國家政治體制關係不大，而與政治領導風格和政治環境關係較大。社會奢靡風尚之形成，其道理似也相同，惟孫大公憂國家前途，不論何種原因形成，他都勇於提出，供治國者參用。

「精練三軍」項，乃有見於國軍部隊久不打仗，體能戰技日愈荒廢，沒有戰力，空談反攻復國，這是身爲軍人的孫大公所能親身體驗者。本來軍隊乃國家之命脈，應知「爲何而戰？爲誰而戰？」，我個人以爲，在兩蔣時代，這個問題不大，甚至不存在。因爲國家目標明確，即完成中國之統一。但到老蕃顛李登輝就有很大的問題，大家不知爲何而戰？爲誰而戰？身爲國防部長的李傑，竟向貪污腐敗的陳水扁僞政權靠攏，把黃埔精神當成破鞋丟掉，怎對得起列祖列宗。又怎對得起我黃埔先期老大哥？怎對得起創建黃埔軍校的總理和老校長蔣公。黃埔建軍之宗旨，在追求中國之獨立、繁榮和統一，如今怎配合台獨份子搞起國家分裂？對不起國家民族啊！這些是後話，不過是筆者個人感慨，本文主角孫君也應有同感吧！言歸正傳。

孫大公是在民國六十年十月二十六日寫信給張群，十多天後，十一月十三日岳老回一信（如上「。大意說，國步益艱，逆流泛濫，早爲蔣公英明睿智所預料，前曾昭告國人，莊敬自強，處變不驚。政府現正就外交內政經濟各方面，力謀革新，加強措置承示當前五大急務（大公五項建議），同時亦有感於孫大公函中字裡行間，憂國之情，溢於言衷，良堪佩慰。

真的，我研究孫大公這個人，從年青時代有比常人更強烈的國家民族情操。否則，他怎會台北工專畢業，服完預官役，又重新考入陸軍官校從一年級讀起。說到這裡，我不得不想起本期林正義（今改林毅夫）同學，他是考上台大不讀（似已讀一年級，待查），去讀陸軍官校。孫、林二君在國家民族情操上頗多相同，但走不同的路，而殊途同歸。

孫君解甲歸田後，他的一顆心掛在那裡呢？告訴讀者們，依然是國家民族的前途，且讓我另章道來。

在美國致力揭發南京大屠殺真相

二〇〇九年十二月十三日，是中國南京大屠殺七十二周年紀念日。全世界都在悼念這個慘案，五千名各國人士，包含星雲大師、加拿大抗日戰爭史維護會會長列國遠、美國三藩市浩劫紀念館館長熊瑋、倭國中日友好協會幹事長白西紳一郎、東南大學建築所所長齊康等，齊聚在南京，召開「二〇〇九年南京大屠殺史學術年會」，「侵華日軍南京大屠殺遇難同胞紀念館」館長朱成山，頒發獎章給上述五人，感謝他們對真相揭發、研究與建館的支持。

同個時間，台灣沒有任何動作儀式，好像事不關己，台灣真的快完了，把這樣的「詮釋權」也放棄了。幸好，

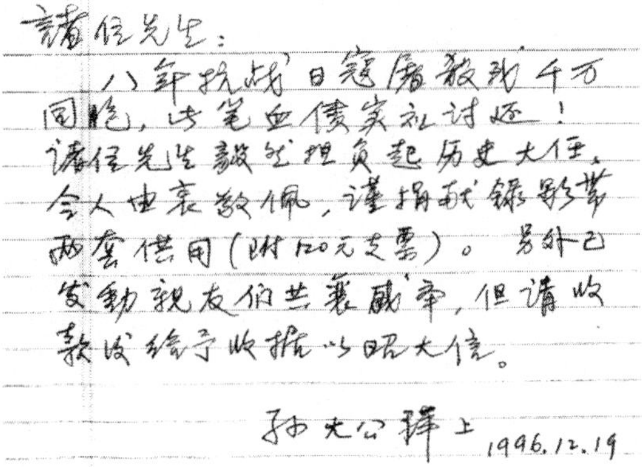
諸位先生：

八年抗战日寇屠殺我千万同胞，此笔血債定必討还！諸位先生毅然担負起历史大任，令人由衷敬佩，謹捐献錄影帶兩套供用（附120元支票）。另外已发動親友们共襄盛举，但請收款后给予收據以昭大信。

孫光公謹上　1996.12.19

還有很多中國人關注這件事，孫大公很早就以自己個人的力量，在美國致力揭發大屠殺真相（如一九九六年這封信）。他不斷寫信給識與不識，或媒體、機構等。

二〇〇一年七月，他在美國組團到南京參訪大屠殺紀念館，深感館藏的完整豐富，也應讓更多世人知道這個人屠殺，以認清倭寇這個有侵略性物種的真面目。後來他寫了一封信給當時的館長朱成山先生，朱館長回函告以相關事宜（如函件）。

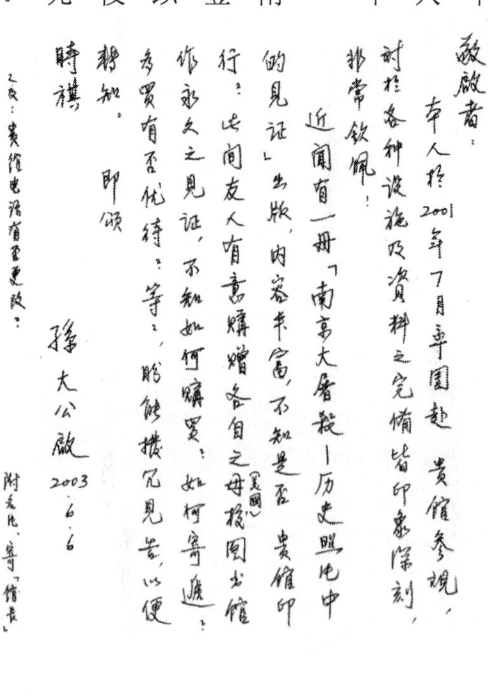
敬啟者：
本人於2001年7月專程赴 貴館參觀，對於各种設施及資料之完備皆印象深刻，非常欽佩！
近聞有一冊「南京大屠殺－历史照片中的見証」出版，內容丰富，不知是否 貴館印行？也聞友人有意購贈各自之母（美國）校圖書館作永久之見証，不知如何購買？如何寄遞？多買有否優待？等等，盼能撥冗見告，以便靜知。 即頌
時祺
孫大公敬 2003.6.6
又及：貴館电話有否更改？
附光片、寄「館長」

到二〇〇四年六月，孫君又給當時館長一封信，有重要的一段話：

如今能知抗日時日軍殘殺數千萬同胞之國人已然不多，若再不利用簡易流傳之網站使後代皆知，則日本軍國主義再起，受害者必然又是我國……

朱館長回函，告以在二〇〇一年已建立網站。孫大公這個人便是這樣，他一心總牽掛著國家民族的興衰，牽掛著炎黃子民後世子孫不要再遭受類似南京大屠殺這種災難。

43　在美國致力揭發南京大屠殺真相

孙先生大鉴：

来信收悉，感谢先生对敝馆的信任。先生查询的《南京大屠杀——历史照片中的见证》（*The Rape of Nanking : An undeniable history in Photographs.*）一书，不是敝馆印刷出版的，该书由美国芝加哥的 Innovative Publishing Group 出版社 1995 年出版，编辑者是旅美华人史詠、尹集钧。前几年，国内出版社曾经翻印了这本书，编辑者增加了部分内容(附件中增加了明妮·魏特琳等美国传教士的日记、信函)。该书是首部以中英文对照形式出版的南京大屠杀大型图片资料集，资料翔实，值得向海外学人推介。有关情况，先生可向美国的出版社查询。

敝馆的电话号码是：025—6612230。

敬颂

大安！

侵华日军南京大屠杀遇难同胞纪念馆

馆长　朱成山

2003 年 6 月 17 日

館長：　您好！　（Fax 011 8625 8650 1033）

七七事變倭寇侵華之日又到，我在 2001 年来国参观"南京大屠殺"後，对於 贵館保存史实之翔实非常讚佩，可是不知 贵館是否有网站可供自由浏覽？是否除"南京大屠殺"之外还有其他發生在全國各地之日軍暴行登載？

歲月匆匆，如今能知抗日時日軍残殺數千万同胞之國人已然不多，若再不利用简易流傳之网站使後代皆知，則日本軍國主义再起，受害者必然又是我國，所以祇有仰 贵館有充分之人力、財力、物力和珍貴之資料者方克設立一永久完整之网站資料庫，也才能提醒及教育我同胞！

茲建议网站如下：

WWW. 中國人遭受日本軍隊屠殺实錄. Com（中英文）

一、南京大屠殺实况

二、在全國各地之暴行实况

＊ 請將抗日時親身经历之日軍暴行告知（須有時、地、人、事），以便登載。地址：

Fax：

Email：

陸軍軍官學校旅美同學會
Chinese Military Academy Alumni Association
二十八期
孫大公
David T.K. Sun
Tel: 949-559-8356
14932 Mayten Ave.
Irvine, CA 92606
U.S.A.

孫大公敬上

2004. 6. 30

某日，孫君看報，世界日報有一新聞，湖南湘潭市一家娛樂中心，門外擺放一尊侵華日軍投降下跪雕像，寫著「不歡迎日本人入內」牌子（見本章末剪報），他立即修書給該市長：

此舉甚當，因為日本人始終把我國當作它的殖民地，抗日戰爭時濫殺我國同胞數千萬人，更是血海深仇。如今有骨氣之中國人站起來不歡迎日本人與狗，這種舉動是值得鼓勵效法的。

陆军军官学校旅美同学会

尊敬的 孙大公先生:

您好!

来信收悉。感谢您对本馆事业的关注和支持，更对您拳拳的爱国热情表示敬意。

我们馆自 2001 年起就建立了自己的网站: www.njmassacre.cn，欢迎您登陆浏览以及搜索您所需的资料。

顺颂夏安!

侵华日军南京大屠杀遇难同胞纪念馆
地址: 中国南京市水西门大街 418 号
电话: 0086-25-86612230
传真: 0086-25-86501033
Email: ohsh001@sohu.com

侵华日军南京大屠杀遇难同胞纪念馆
馆长
2004年7月7日

市長：您好！

閱報載（附影本）知 貴市某娛乐中心不歡迎尋春之日本人。此举甚當，因為日本人始終把我國当作它的殖民地，抗日战争時濫殺我同胞数千万人，更是血海深仇。如今有骨氣之中國人站起来不歡迎日本人与狗，這种举動是值得鼓励效法的！

兹建议在每个恥辱纪念日（如七七、八一三、九一八）在商店外張貼大字报，以提醒及教育國人。

或更設立網站收集日軍暴行，讓年青一代（如李庚一之輩）知道日本人目前正在整軍经武，将来受害的又是我们中國人！！！因此，在讚賞 貴市敢作敢為之餘，也代表海外國人向田兵等諸先生致敬。

孙大公 敬上
2004.7.1

孫君在該信更進而建議每個國恥紀念日，如七七、八一三、九一八，應在商店外貼大字報，以提醒及教育國人。

二〇〇四年七月十日，「抗日戰爭史實維護會」在舊金山華埠，舉辦七七事變及義賣活動，事爲世界日報記者葛康誠專文報導。孫君閱報，寫一信給該會會長源球，稱讚義舉，並述：（如函件）

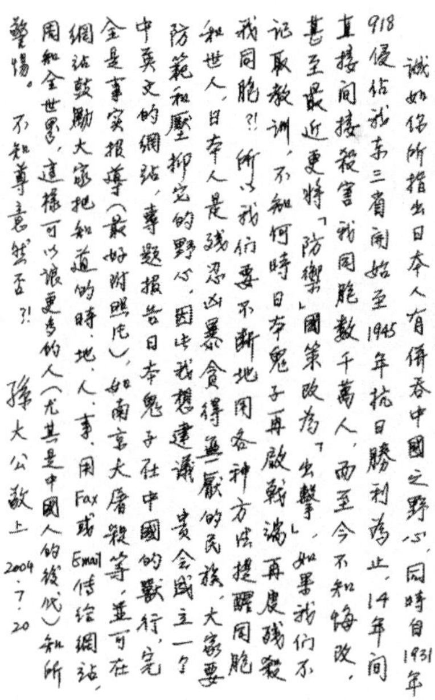

源球会長大鑒：

世界日报记者葛康诚专文报導「抗日戰争史实维護会」七月十日在舊金山華埠举办纪念七七事变及義賣活動。閱後深、敬佩 贵会之義举。

诚如你所指出日本人有併吞中國之野心，同時自1931年918侵佔我東三省開始至1945年抗日勝利為止，14年间直接间接殺害我同胞數千萬人，而至今不知悔改，甚至最近更將「防禦」國策改為「出擊」，如果我们不記取教训，不知何時日本鬼子再啟戰端再度殘殺我同胞?! 所以我们要不断地用各种方法提醒同胞和世人，日本人是殘忍凶暴貪得無厭的民族，大家要防範和壓抑它的野心，因此我想建议 贵会成立一个中英文的網站，專題報告日本鬼子在中國的獸行，完全是事实报導（最好附照片），如南京大屠殺等，並可在網站鼓勵大家把知道的時、地、人、事，用Fax或Email傳给網站，周知全世界，這樣可以讓更多的人（尤其是中國人的後代）知所警惕。不知尊意然否?!

孫大公 敬上
2004.7.20

> 日本人有併吞中國之野心……至今不知悔改，甚至最近更將「防禦」國策改為「出擊」，如果我們不記取教訓，不知何時日本鬼子再啟戰端再度殘殺我同胞……

孫大公先生在該信亦提醒世人，日本人是殘忍凶暴貪得無厭的民族，大家要防範和壓抑它的野心。此外，他在美國也致力於阻止「日本入常」，本來嘛！像倭寇這種獸性的物種都成了聯合國常任理事國，這世界還有公理嗎。

大成先生：

閱報知　先生与黃援良先生正在发起阻止「日本入常」，這真是十二萬分重要之事，因為日本鬼子侵略我國害死几千萬同胞，至今不知悔改，甚且變本加厲，目前又蠢蠢欲動，所以一定要設法不讓它「入常」。此事有勞史維会及二位了！

（附上20元支票一張）。祝

抗日成功！

孫大公敬上
2005.5.22

（世界日報 2005.5.21 B1版）

又及：（2005.8.17）

(一)前信于5.22寄世界日報採訪組轉，不知收到否？

(二)附拙作，請指正。

(三)臧大化先生是否令手足：我已去信願做「義工」。（再由世界日報轉）

世界日報採訪組煩轉
Chinese Daily News
1588 Corporate Center Dr.
Monterey Park, CA 91754
Tel. (323) 268-4982
編輯 (323) 265-1192
263-9860

二〇〇五年六月十四日 星期二 TUESDAY, JUNE 14, 2005　世界日報

喬瑟夫 獨力完成南京夢魘

紀錄日軍二戰暴行20年方竟全功 屠殺中國百姓 慘無人道至極

【本報記者黃奏憲聖荷西報導】朗恩・喬瑟夫（Rhawn Joseph, Ph.D）單獨完成了紀錄片「南京夢魘」（Nightmare in Nanking）。這是他20年前發願、十年前立志，近半年全時間花了四百小時工作的成果。

可是你問他：「紀錄片裡讓你個人最覺恐怖的，是哪一鏡頭？」原本侃侃而談的喬瑟夫忽然墜入沉默。

「那是一個集體活埋的鏡頭，」喬瑟夫說，取得的原是一秒半的影片，他決定以慢動作呈現，「這些中國老百姓，男女老少被堆進一個大坑活埋。我現在閉上眼都記得那最後一個被推下去的男子，他的雙手被反綁著。然後，日本兵開始把土鏟下，一鏟又一鏟。」

這是南京大屠殺期間，被人以攝影機捕捉下來的鏡頭。

「南京夢魘」片長約80分鐘，影片和大約150幀圖片參雜出現。由喬瑟夫自已撰寫英文旁白、自己講述。

喬瑟夫早年在芝加哥大學醫學院取得醫學博士學位，之後到耶魯大學醫學院實習，出版過兩本神經心理學教科書。

他和中國人素昧平生，也從來沒有聽過「抗日史實維護會」等組織，他說：「只是單純對這段歷史感到興趣，覺得該把真相整理呈現出來。美國人、中國人都可以看看這部片子。」

決定和華文媒體聯絡，因為覺得是時候請大家來看看「南京夢魘」的試映，第一場將於27日在密爾比達的社區中心（Community Center）舉行。

「還記得五歲時在老家，祖母念舊約聖經故事給我聽——出埃及記——我應該是那時候就喜歡上了歷史。」加州人的喬瑟夫學業順利，年輕輕就讀到芝加哥大學的博士，但他「不喜和病人為伍」，靠著神經學、神經外科的專長，他寫書、作研究、發表論文，還曾經有十年是加州高等法院鑑識專家小組成員。

衣食無虞，他努力圓自己的歷史夢。當然，他已經發現，就像本業生物科學所告訴他的——這是個弱肉強食的殘酷世界，他說：「喜歡讀恐怖故事的人會發現，到歷史裡就找得到最恐怖的故事。」

又以南京大屠殺為恐怖之最。20年前，他在一本書上偶然讀到南京大屠殺，心中播下了種籽。後來，只要在書上看到相關的篇章，都把它保留下來，他的願望慢慢清楚，就是要針對納粹滅絕猶太、日軍對中國施成各拍一紀錄片。

張純如出版「南京大屠殺」後，原本也想寫書的喬瑟夫知道自己可以不必寫了，因為張純如寫得太好了，他仔細拜讀，也去研究當年挽救很多南京百姓的金陵女大外籍教師華群女士的事蹟，並且看了其它兩三部紀錄片，「南京夢魘」構想漸漸成型。

「希特勒日記」（Hitler's Diaries）紀錄片先在去年完成，已在有線電視台、教育電視，以及一部分的公共電視網PBS播放，KPX-CBS給予「mesmerizing」（令人神馳）的評語。

「南京夢魘」花去他約2萬5000元成本。他有過寫腳本的經驗，又向來喜愛電影藝術，經營紀錄片有其品味，像「希特勒日記」全片只有配樂和字幕，營造出獨特的沈重氛圍；「南京夢魘」不少處亦無旁白，而以字幕道出重點，「因為閱讀比聽人講，更能深刻打動人心。」

「剪輯這部片子，我看到人世間最慘無人道的事，為什麼造孽的日本人可以像沒事一般走開，過好日子、天年以終？」喬瑟夫說：「至少也應該叫日本政府對中國作出百億、千億美元的賠償才對！」

有一位芝加哥大學醫學博士喬瑟夫（Rhawn Joseph, Ph.D），以二十年心力，獨立完成「南京夢魘」（Nightmare in Nanking）記錄片，以下是部份片段描述：

> 這些中國老百姓，男女老少被堆進一個大坑活埋。我現在閉上眼睛都記得那最後一個被推下去的男子，他的雙手被反綁著。然後，日本兵開始把土鏟下，一鏟又一鏟……

這是喬瑟夫在一個活埋鏡頭的道白，最後他說：「剪輯這部片子，我看到人世間最慘無人道一事，爲甚麼造孽的日本人可以像沒事一般走開，過好日子、天年以終？」「至少也應該叫日本政府對中國作出百億、千億美元的賠償才對！」

於此，我不得不說一聲：「蔣介石以德報怨

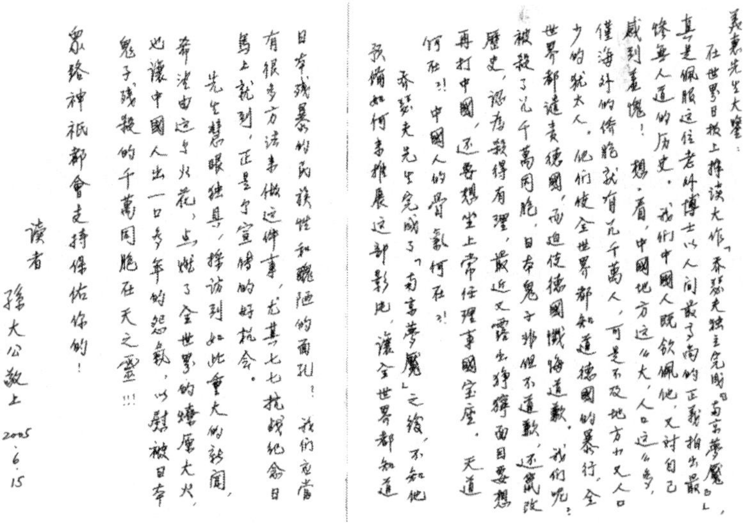
義惠先生大鑒：

在世界日報上拜讀大作「喬瑟夫獨立完成『南京夢魘』」，真是佩服這位老外博士以人間最高的正義拍出最慘無人道的歷史。我們中國人既欽佩他，又對自己感到羞愧！想想看，中國地方這麼大，人口這麼多，僅海外的僑胞就有幾千萬人，可是不及地方小又人口少的猶太人。他們使全世界都知道德國的暴行，全世界都譴責德國，而迫使德國懺悔道歉。我們呢：被殺了幾千萬同胞，日本鬼子非但不道歉，還竄改歷史，認為殺得有理，最近又露出猙獰面目要想再打中國，還要想坐上常任理事國寶座。天道何在？！中國人的骨氣何在？！

喬瑟夫先生完成了「南京夢魘」之後，不知他預備如何來推展這部影片，讓全世界都知道日本殘暴的民族性和醜陋的面孔？！我們應當有很多方法來做這件事，尤其七七抗戰紀念日馬上就到，正是宣傳的好機會。

先生慧眼獨具，採訪到如此重大的新聞，希望由這點火花，點燃了全世界的燎原大火，也讓中國人出一口多年的怨氣，以慰被日本鬼子殘殺的千萬同胞在天之靈！！！

眾路神祇都會支持保佑你的！

讀者
孫大公 敬上
2005.6.15

的決定是天大的錯，對不起全中國人民。」

喬瑟夫的紀錄片，經世界日報記者黃美惠小姐在聖荷西報導，孫大公閱報即以讀者身份寫信給她，素示敬佩喬瑟夫的正義勇氣，並提醒咱們中國人也要反省，（見孫給美惠的信）。總之，孫大公以一個在野的小人物，不斷利用各種機會，揭發南京大屠殺真相，宣傳倭寇的侵略性，提醒世人「日本寔倭寇、倭寇就是日本」。下面短文是大公的呼聲，炎黃子民不能忘啊！

「日本」是「倭寇」，「倭寇」就是「日本」

距今六百年前的明朝時代，日本海盜開始侵擾中國沿海的島嶼和城鎮，燒殺擄掠，強姦婦女，無所不用其極，當時我們叫他們「倭寇」。倭寇侵擾中國的情況延續甚久，直到民族英雄戚繼光出現。戚繼光訓練百姓民眾抵御外侮，終於逐退倭寇，恢復了沿海的平靜，民眾方得安居樂業。

曾幾何時，日本歷經明治維新之後，國勢漸強，狼子野心又再出現。而中國在清末腐敗軟弱，屢被列強欺侮，賠款割地以求苟安。民國建立以後則是軍閥戰亂，國弱民貧。日寇乃乘機侵略中國，這一次不似海盜式的零星出擊，而是傾注全國軍力發動一波波的侵略行動。從侵占東三省開始就意圖吞滅中國，因此不斷製造事端以激怒中國人的反抗來挑起戰爭，然後想以戰勝國的姿態奴役中國人（如同奴台灣同胞一般）。直到爆發了七七盧溝橋事變，全國同胞對於日寇醜陋殘暴的行徑終至忍無可忍，乃掀起同仇敵愾全面抗日的決心，打了八年的苦戰，贏得最後的勝利。

迄今不過半過世紀，新一代的日本人又起野心，蠢蠢欲動又想侵略中國。有心人士動作頻頻：諸如赴靖國神社參拜侵華戰犯、修改教科書將”侵略中國“改成”進出中國“、否認有南京大屠殺、侵占中國的釣魚台列島、認爲”慰安婦“是”自願“的……等等不一而足。種種作爲都在鼓動風潮，待機而動。

同胞們，向這般根深柢固而又蠻橫的海盜自稱「日本」，我們有必要跟著稱它「日本」嗎？當年他們侵華時叫我們”支那“而不稱”中國“，我們爲什麼不名符其實地叫他們「倭寇」？我們有權利這麼做，我們要讓後代子孫和各國民眾都認識它的真面目，我們要呼吁政府和媒體，從此改叫「日本」爲「倭寇」，因爲這樣才真正符合他們的身份。

各位親愛的同胞，日後爲文寫作遇到「日本」這兩個字時，就把它寫成「倭寇」。因爲「日本」是「倭寇」，「倭寇」就是「日本」！

孫大公

後來孫先生也寫一封信給筆者，寄來不少資料，也叮嚀很多事，二〇〇七年他已是七十六歲的阿公，還惦念著民族興衰，如何不叫人感動！

正當南京舉行大屠殺事件紀念會，有一倭國僧人叫大東仁的，專程到南京，向紀念館提供他所蒐集的十六件珍貴史料。在此之前，他已提供該紀念館一千餘件文物資料。

大東仁表示，自己之所以願意這麼做，是出於對自己的母國發動侵略戰爭的反省。顯見倭人仍有能反省者，但這不夠，這只是億分之一人的反省。全球中國人仍要有更大動作，才能促使倭人全面反省。

何謂「全面反省」？正式道歉、賠償，對所有死難者及中國的損失完成賠償，這些事德國已對猶太人做了。為何倭國有能力不做？或是根本多數中國人覺得無所謂，反正已過去了。若然，則類似事件還會再發生，不知那一天！

福成宇弟：

知道你因經濟因素不得不將「華夏春秋」停刊時，甚是為你的雄心壯志抱屈，亦為島內正義之聲減弱惋惜，好在其他雜誌仍多，你的文采仍有園地可供發揮，希望你篤志堅持。

日本人從明朝開始就大舉入侵中國，當時被稱為「倭寇」，「明治維新」以就企圖征服全世界，他們的路線是——攫取滿蒙，佔領中國，征服全世界。自九一八始到無條件投降，倭寇殘殺了千百萬中國人，可是他們並沒有懺悔，祇認為輸在兩顆原子彈，有朝一日還是要佔領中國，所以現在日本的一切篡改歷史的舉動，就是為未來再度殘殺中國人做準備。

我不願意中國人的後輩和世人喪失警覺，因此非常贊成對日本人原始獸性的宣傳，特寄些剪報給你，以及兩份「南京大屠殺」的DVD碟，作為你以後為文的參考，亦可為拷貝另份DVD碟送給有關單位和人員用作宣傳，看，日本人的真面目有多兇殘!!（只可惜沒有翻譯成中文，同時不知此拷貝是否可用作電視放映？）

祝你

新春愉快

再接再勵

孫大公

2007.02.15

中華民國八十五年十二月十五日　星期日

納粹黨員的南京「戰爭日記」

「紀念南京大屠殺受難同胞聯合會」趕譯珍貴史料

本報記者／潘嘉珠

具有德國納粹黨員身分的德國商人約翰．雷伯（John H. D. Rabe），在一九三七年十二月南京大屠殺前後，擔任「國際委員會南京安全區」主席，他親手撰寫一份長達兩千多頁的「戰爭日記」，詳盡記載了當年日本軍人在南京進行屠城的慘案。這份從沒有曝光的日記，在戰後由雷伯親人收藏長達半世紀，為至今仍為日本人所否認存在的南京大屠殺，提供最新的證據，經過紐約「紀念南京大屠殺受難同胞聯合會」近半年鍥而不捨的努力追蒐，終於在十二月重現世人眼前。鑒於戰時日德同為「軸心國」盟國，做為納粹黨員雷伯的當時屠殺日記纂錄，更是具有高度的真實價值。聯合會在十一月初取得部份日記影印本後，初步譯出的日記資料已顯示日軍在南京的凶殘獸行，聯合會正在加緊趕譯這份雷伯的這份德文日記，期能讓世人更全面詳盡瞭解慘案真相。

由於伯雷在當時的南京安全區所擔負的特殊職責，以及他的國籍，儘管他在日記中所披露的僅以安全區中所發生的事實為重，並且要保障安全區的中立與安全性，他向佔領南京的日軍，只能進行的非常具有保留的溫和抗議（他曾在日記與向德國元首希特勒所做的報告中坦承，向日方提出函件的措詞，被委員會中的國際人士認為是摻和了「蜜糖」，有所保留），但是他在日記筆下所透露的戰爭史實，讀來依然令人心生戰慄。聯合會認為，在該會歷來所蒐集的相關南京大屠殺的史料中，這份日記頗具客觀性，而它載錄內容的真實性，也禁得起考驗。

目前主要負責翻譯「戰爭日記」的聯合會總幹事邵子平表示，雷伯的日記原件共分八卷。在經過多方追查聯繫後，由紐翰．伯雷的外孫女萊茵哈特夫人陸續自柏林寄給聯合會，再由該會專人翻譯為中、英、日文，向全世界揭露日軍在南京的暴行，供各界學者研究。

萊茵哈特夫人專程自德國飛來紐約，於十二月十二日慎重的將「戰爭日記」及伯雷的檔案記錄，贈給耶魯大學特藏室保存。她表示，祖父紐翰．伯雷當年是以相當嚴謹及審慎的態度，記錄下當年南京城所發生的事，披露中國民眾在南京所遭受到的種種災難。

在伯雷給希特勒的報告中透露，考慮並決定寫下「戰爭日記」的時間是在一九三七年八、九月間。雷伯在當時是任職德國西門子公司駐中國總代表，他原本認為「盧溝橋事變」和過去一樣，僅是多次發生的地方性事件，可以很快的就地解決。但是「盧溝橋事變」的發展不同於以往，在南京他隱隱聞到戰火的煙硝，決定記錄下所聽所聞的身邊事，為歷史留下一份見證。

「戰爭日記」是從一九三七年（民國廿六年）九月開始撰寫，日記裡記述國際委員會南京安全區的建立經過，委員會獲得包括美國、英國及德國大使的同意設置，並知會日本大使；伯雷同意出任委員會主席，維持安全區的安全，協助並安頓中國百姓。在他厚厚翔實的日記中，一九三七年十二月十四日南京城陷當天，伯雷便有長達十頁的記載，清清楚楚的記錄下，日軍佔領南京後的種種令人訝異、驚悸的暴行。

（文轉第S4頁）

ESDAY, JANUARY 30. 2007　世界日報

十年磨一案　日軍檔案終解密

史維會努力有成　十萬多頁文件　包含二戰時日731部隊細菌戰、南京大屠殺等罪行

【本報記者李大明聖地牙哥報導】今年1月12日，由美國政府掌握的一批德國納粹及日本皇軍戰爭罪行歷史檔案正式解密，向公衆開放。這批共計十萬多頁的文件涉及日軍731部隊在中國東北準備細菌戰、1937年12月南京大屠殺慘案等種種細節，不僅極富學術研究價值，而且對肆意歪曲史實、粉飾侵略的日本右派也是當頭一棒。

從1997年起全力推動這批檔案解密的聖地牙哥「列強侵華史實維護會」（APHAFIC）對這一進展感到鼓舞，該會負責人羅黔輝、孟憲嘉等表示，此事一波三折，前後歷時十年，終告成功，說明還原抗戰史實、爲受難者討回公道需要鍥而不捨的耐心與韌性，關鍵在於加強與民意代表的互動，爭取主流社會的認同與支持。

羅黔輝在接受採訪時指出，要求美國將日軍戰時檔案解密是世界「抗日史實維護總會」（APHAFIC爲其分支組織）的統一行動，當時各地分會兵分三路，同步進行。北加州方面有丁元、李玉玲等人遊說代表加州的國會參議員范士丹，南加州由羅黔輝、孟憲嘉、梁能等人聯絡代表聖地牙哥的國會衆議員比爾伯雷（Brian Bilbray）。華府方面則由華家熙（後於2005年逝世）、梁關選等人直接向國會陳情。

於是，內容相同的參議院S1902號提案、衆議院HCR126號提案，分別由范士丹與比爾伯雷等人在兩院提出，正式要求將美國戰後取得的日本戰爭罪行檔案公諸於世。雖然兩案在國會交付表決時大致順利，先後獲得通過，並由總統簽署成爲法律，但美國政府部門對解密仍顧慮重重。加上比爾伯雷2000年爭取連任失敗，提案的落實進展緩慢，予人「石沉大海」之感。

時隔七年，由美國多個有關部門組成的資料調查工作組（Interagency Working Group，簡稱IWG）終於完成審閱與評估的程序，同意將超過十萬頁的文件解密。這些部門包括國務院、中央情報局、聯邦調查局、陸軍情報處等。解密後的文件存放於馬里蘭州大學園市（College Park, MD）的國家檔案館研究室，民衆憑身分證便可借閱。

與APHAFIC長期合作、爭取上
文件解密的美國退休教授、「死
工廠」（Factories of Death）一書
者指出，美國對公布這批歷史檔
有顧慮，是因爲美國在冷戰時期
度打算利用日本731部隊的細菌戰
究成果。臭名昭彰的731部隊負
人、「殺人醫師」石井四郎中將
以向美國占領軍供出這些成果，
取對自己從輕發落。

然而，良心與正義在這場較量
華竟占了上風，這批塵封的檔
（包括文件、電報、照片、日記
報導、證詞、審訊紀錄等）終於
以重見天日。

身爲美國商務部統計專家的羅
輝表示，「十年成一案」實屬
易，她今年一定抽空前往國家檔
館，看一看這些史料的「廬山真
目」。

B6　二〇〇三年三月九日　星期日　世界日報

戰爭與罪責　日軍侵華暴行實錄

李長江／安那罕

筆者曾在聖瑞郡圖書館日文書架上，發現本棵有SENSO TO ZAISEKI一書，一時好奇取下細看，原是本精裝日文書，其封面恰如英文拼音「戰爭與罪責」。翻覽目錄，全書共17章359頁，書中所載全屬日本侵華事跡，1998年8月初版，2002年再版11次，堪稱暢銷書，由岩波書店發行，作者野田正彰1944年生，是位專業醫師生兼大學教授，就讀醫學院時專攻比較文化精神科。

作者在序文中開宗明義地說，「掠奪、暴行、放火、誘拐虐殺」，是侵華日軍在中國普遍所犯慣行。此書內容真實，因作者自1993年初春起，走訪戰時曾在中國屢犯上述非人道滔天大罪，而如今懺悔之官兵。在訪問過程中，作者邊細聽當事人敘述、邊作筆記，然後選重點，親赴中國實地查詢對證。

數年中他曾往訪東北，原「七三一細菌部隊」舊跡、撫順礦區集體活埋中國人「萬人坑」，以及南京大屠殺紀念館與民間。所到之處，經證實多與日兵所言相符，遂將人證物據彙編成書「戰爭與罪責」。自1997年2月，連載於日本「世界周刊」，趕在1998年8月、日本戰敗53年週年發行單行本。

作者在書中每每用「敗戰」，非如一般日人稱「終戰」。時值極右翼竄改侵華史，方興未艾之際，該書甫問世即轟傳遐邇，惟遭右派圍剿，則不言而喻。但該書卻極廣受大眾青睞，一時成洛陽紙貴。

筆者自圖書館借閱兩週仍意猶未盡，遂往洛城小東京書店覓購，數家書店俱無斯書，幸得一店承諾可代向日本訂購，兩週後以原價之三倍購得此書，但極值得。

該書第15章「父の戰爭」的主角大澤雄吉，戰時為憲兵准尉。曾經淪陷區的國人同胞，每聞日本憲兵，多如談虎色變。大澤自九一八事變而「七七」、中日戰爭14年中，他橫行於中國達12年8個月之久。因他是憲兵，非同一般戰鬥兵種，故長期遭他殺害者都是中國平民、知識分子。

事極湊巧，筆者40年前自日本收藏保存一幀日本軍官砍殺一中國少年的照片，兇手正是大澤雄吉。大澤在中國與隨軍護士結婚，生兩男一女，女兒菱子1947年出生。有關大澤的故事，多由後任中學教師女兒菱子向作者提供。

據菱子記憶，自幼到中學畢業的十數年中，父親幾乎夜夜惡夢中驚醒全家，惡夢多與以往在中國，曾犯罪行有關。大學畢業後，她更瞭解父親對以往所犯罪行悔恨不已，故戰後返國，即成極端反戰者。大澤全面否定並憎恨昭和天皇，認為昭和主導侵華，造成無可彌補之人間悲慘歷史，更對當時竄改侵華史者，痛恨至極。

大澤雄吉於1986年、71歲時因食道癌過世。於彌留之際，他勉強拔掉點滴管，從枕下摸出事先用鉛筆寫的字條，交予病榻旁女兒，自責造孽深重，愧對中國人。字條上說：「戰後迄今40年，日本未曾向中國道歉，我不道歉，焉能瞑目九泉？」囑女兒照此字條，刻在其墓碑上。倉橋(夫姓)菱子，因受父感召，完成了兩部以日本侵華為背景之小說，出版於父親死後七年之1993年。

筆者盼望，諳日文之親日、媚日派，能藉著一讀此書「戰爭與罪責」，瞭解有關軍國日本加害中國之史實。

尹家三兄弟捐名畫 爲史維會籌款

金山華埠十日辦紀念七七事變及義賣籌款活動 盼各界支持

【本報記者葛康誠舊金山報導】抗日戰爭史實維護會將於10日(星期六)上午10時，在舊金山華埠花園角廣場舉行「七七事變」紀念儀式。同時，史維會爲了籌措運作款項，亦將舉行義賣籌款活動，灣區華裔熱心人士尹集成、尹集鈞、尹集憲三兄弟，特別捐出名家鄭板橋的畫作收藏，以響應會長廖源球的號召。

廖源球6日表示，社區熱心人士的踴躍支持，目前已經起了拋磚引玉的作用，他十分感謝，也希望各方繼續踴躍響應。他指出，目前除了鄭板橋的名作外，尹家三兄弟還捐出了骨董大型瓷器花瓶以及黃山射陽乘山石等珍貴收藏品，各各價值不斐。

廖源球表示，日軍侵華暴行，舊日的仇恨仍然深埋在每一個有正義、有良知的中國人心中。而面對被日本軍國主義者「竄改得面目全非的歷史」時、聽到日本政府「厚顏無恥的抵賴和狡辯」時，如何能不讓中國後代子孫「發出憤怒的吼聲？」

主辦單位指出，日本軍國主義自1931年在瀋陽發動「九一八事變」開始，便有計畫地逐步實行其呑併中國的妄想，開始侵略中國東北，成立僞滿州國，並在中國各地燒殺擄掠長達六年之久。1937年7月7日，日本軍閥再度挑起「盧溝橋事變」，中國國民政府終於在全國軍民忍無可忍之下，正式宣布對日抗戰，從此全國上下一心、軍民一體，爲保衛中國領土、中華民族的存亡，奮起抵抗日軍的侵略長達八年之久，最後終於在1945年獲得勝利，大家因此都會在每年的七七前後舉辦紀念活動。

廖源球特別感謝灣區民衆過去對史維會的支持與鼓勵，由於大家的參與，可以使得中華民族浩氣長存，更鼓舞了維護抗日戰爭史實正確性的勇氣與決心，而世界各地史維會對於日本政府求償的官司也將不間斷地持續下去，而這些都需要愛國志士不斷在精神以及經濟上給予支持。

明年的8月15日就是對日抗戰勝利60周年的紀念，金山灣區將開始積極籌劃各項紀念事宜。廖源球也指出，今年的九一八紀念，中國大陸更是開放北京人民大會堂，作爲每兩年舉辦一次的九一八事件全球紀念大會場所，包括北大歷史系、國務院僑辦以及盧溝橋紀念館都會一起參與這項盛會。

「南京大屠殺」圖片展

歷史維護會發起捐書捐款活動

【本報記者王善言亞凱迪亞市報導】歷史維護會洛杉磯分會4日趁著南加州中文學校聯合會舉辦國語演講暨詩詞朗誦比賽之際，推出「南京大屠殺」圖片展，吸引老少參觀，不少小學生表示，他們不曉得日本軍閥這麼可惡。

該會會長臧大成指出，該會使命在促使相關政府單位於教科書增加日本侵略亞洲史料。支持相關研究及教育，收集並流通資料。爭取日本政府、軍方正式對受害人道歉和賠償，以期結束此懸案。當天推出該展，希望能加強華裔中小學生對這段歷史的認識。

該會財務余占正說，該會理事除華裔外，尚有白人、菲裔、日裔、韓裔等，大家都很支持該會維護史料的活動。

該會目前並發起捐書或捐款活動，希望全美各大圖書館都藏有「南京大屠殺一 歷史照片中的見證」一書。

該書精裝本每本50元，意者可洽該會，地址：Alliance to Preserve the History of WWII in Asia – Los Angeles，P. O. Box 862283，Los Angeles, CA 90086。Robert M.D. 電話：213 – 687 – 9911。

抗日戰爭結束後的感想

南加論壇

歡迎讀者以
電子郵件投稿
南加論壇電子郵件地址：
forum@cdnnews.com

張光明／西柯汶納

自1937年中國對日抗戰至今，我們中國人尚未爲這場民族存亡絕續的八年血戰，傷亡超過3500萬人的戰爭，留下任何一部客觀、公正、完整的翔實紀錄。

67年歲月流逝，對這一場空前慘烈，歷時八年的民族戰爭，到今天在中國大陸上，至少有十億人不知道這段歷史眞相。這是中共特意扭曲、湮沒抗戰史實使然。希望中國人和世人瞭解，領導全國軍民八年抗戰勝利是中華民國，而不是中華人民共和國。在1945年日本投降、抗戰勝利時，還沒有中華人民共和國。

在八年拋頭顱灑熱血、救亡圖存的血戰中，傷亡三千餘萬軍民，他們都是中國人、是同胞，要在歷史上還給他們一個公道。

對台灣兩千多萬同胞而言，八年抗戰的事，他們僅僅知道是歷史課本上的一個空洞概念而已。目前台獨推行「去中國化」，割斷中國的歷史文化，爾後恐怕連這個歷史上的概念都沒有了。

如沒有八年浴血抗戰的勝利，就光復不了台灣，也建設不成今日的台灣，就更沒有台獨的餘地。台灣同胞應該瞭解珍惜這段歷史。

對侵略的日本而言，至今六十七年，從沒有對這場血腥侵略戰爭認錯，並且竄改歷史、扭曲眞相，矢口否認是侵略者，並仍存有對中國人藐視的霸道心態。不認錯、不賠償，我們認爲這是天下最不公道的事。日本如不撫平被害者的創傷，將成爲民族的永久仇恨，必將無寧息之日。不公道就會失去和平。

對西方人而言，在二次世界大戰中，它們只記得「珍珠港奇襲」、「敦克爾克大撤退」、「諾曼第登陸」、「硫磺島浴血戰」。但是對於在二次世界大戰期間，人類有史以來最慘烈的廝殺戰爭中，中國人在幹了些什麼？提供了什麼？卻蓍然無知。

在這場最大規模世界大戰中，如沒有中國八年的浴血抗戰，在中國戰區牽制百萬日軍，盟軍方有先行收拾德、義，然後再收拾日本的時間，方結束了大戰。世人不能漠視中國在這段歷史上卓越貢獻的眞相。

我們希望把這一經歷，能有一部完整紀述，傳閱中國人後代和世人。我們無意重揭傷疤、製造仇恨，只想把歷史還給歷史，讓眞相歸於眞相。今天還活著的中國人，有責任要爲抗戰犧牲的三千餘萬亡魂，討回公道。天地悠悠，人生幾何？中國人，你應該怎麼想，也應該怎麼做！

二○○四年六月二十八日 星期一 MONDAY, JUNE 28, 2004　世界日報

防珠海買春事件重演 不歡迎不良日本人入內

湘潭娛樂場門口 擺日軍下跪像

【本報長沙訊】湖南湘潭市一家新開張的娛樂中心，在大門外擺放一尊侵華日軍投降下跪的雕像，兩手高舉寫有「本娛樂中心不歡迎不良日本人入內」字樣的牌子，老闆聲稱是防止珠海日本人買春事件重演。

老闆田兵對《長沙晚報》記者表示，他決策投資娛樂業時，正值去年「九一八」紀念日，適逢288名日本人在珠海鬧出買春事件，遂聯想起自己的叔公當年被日軍抓去做挑夫，不慎打爛了一口鍋，就被殺害，不禁義憤填膺。

他特地花了四千八百多元鑄造此雕像，警告不懷好意的日本人，絕不容忍類似珠海買春事件在其娛樂中心發生，同時讓人記住日本侵華罪行，體現民族自尊心。

附近居民意見不一，有人認爲中國人不能再受侮辱，亦有人質疑有炒作、「做騷」之嫌。

湘潭大學國際關係研究所所長李廣一教授認爲，儘管日本政府做出參拜靖國神社、霸佔釣魚島等行爲，但採用這種形式不合適亦不應該，可能讓日本民衆對中國人民產生不必要的誤解，有關方面應勸導商家自行撤掉雕像。

洛城舉行紀念七七抗戰67週年大會

籲日本爲二戰罪行道歉

【本報記者陳曉春洛杉磯報導】洛杉磯榮光聯誼會和八年抗戰理事研究會27日舉辦紀念七七抗戰67週年大會，紀念中華民族抗日戰爭的卓越功績，並呼籲日本必須正視歷史，爲二戰中的戰爭罪行道歉。

紀念大會以演唱抗戰歌曲的形式開幕，丹尼斯音樂中心及多名音樂界人士先後演唱：黃水謠、游擊隊之歌、松花江上、大刀進行曲、抗敵歌等抗戰歌曲，並邀請政論家鄭浪平做專題報告。

鄭浪平指出，不久前舉辦的諾曼第登陸60週年紀念活動，德國總理應邀參加的場面引人矚目，顯示德國已接納並正視二戰的歷史，誠意地向受害者道歉，因此也被世界各國所接受，允許其總理參加二戰紀念活動；但在太平洋這邊，當年參加二戰的日本至今還在竄改歷史，拒絕爲日本軍國主義的罪行道歉，並且肆意模糊中國在二戰中遭受的傷害和恥辱，以使中國對二戰「失憶」。相反地，日本還增加軍備，爭取可以對外宣戰，試圖建立新的法西斯。

鄭浪平說，目前亞太地區一直沒有正視抗日的歷史，中國人對抗戰至今仍存在「迷失」。實際上，中國人在二戰中付出最大的貢獻，開戰最早，遭受最大損失，卻得到最少的援助。

他說，甚至最近，台灣舉辦黃埔建校80週年紀念活動中，部分台獨人士竟然宣稱，「黃埔在抗日中沒打過一場勝仗，全是敗仗，才有今天的局面」。

他強調，事實上，黃埔軍校正是抗日的主力，是當年國民革命軍的主力，甚至當今的中國大陸解放軍，也有當年黃埔的血統和基因。

洛杉磯華人聯絡會副會長王勝生表示，當年國共合作，才有抗戰的勝利，抗戰勝利了才有台灣的光復，而抗戰阿斗精神正是中國人不打中國人。但今天，美國少數政客在暗中鼓勵台獨，日本也暗中支持台獨。如果台海兩岸不能聯手合作，亞洲的安全和穩定會受到威脅。

積極參與反對「日本入常」的全球活動

孫大公先生在美國除積極揭發南京大屠殺真相，運用各種管道宣傳，另有反對「日常入常」也是他努力參與的活動。所謂「日本入常」，是二〇〇六年間，倭國在國際四處活動，企圖成爲聯合國安理會常任理事國，是可忍，孰不可忍，野獸怎企圖要與人同桌吃飯？

此事在台灣島內似乎沒有引起太多討論，只有台獨份子發表同意日本入常聲明，無奈同類嘛！但在美國乃至其他地方引起極大反對聲浪。我針對孫大公先生寄給我的資料，整理成這篇短文，讓台灣人看看。

有個記者在紐約報導（新民晚報，二〇〇六年十一月十四日），「紀念南京大屠殺受難同胞聯合會」，簽請華人踴躍捐輸，以便該會搜集三種關於日軍南京大屠殺的錄影帶大量複製，發送給各國駐聯合國代表團、美國參眾議員，讓他們知道日本的侵略和恐佈暴行，以及侵略者至今不承認、不悔過、不道歉的態度，促使各方反對日本晉身安理會常任理事國。該會選擇的三個錄影帶分別是：

第一個，「馬驥的見證」（Magee's Testament，導演王正芳），反映美國牧師馬驥在一九三七年，他於南京大屠殺期間，實地所冒險拍攝的影片。

第二個，「奉天皇之命」（**In the Name of the Emperor**，編導崔明慧、湯美如），紀錄美國人、日本人、專家、學者以及前日本兵對大屠殺的說法。

第三個，「黑太陽：南京大屠殺」（**Black Sun: The Nanjing Massacre**，導演牟敦芾），根據史料紀錄，以藝術手法重現史實的歷史紀錄片。

該會負責人在介紹該項計劃時表示，正值全球華人反抗日本侵略中國領土釣魚台之際，尤其不應忘記倭人侵華時死難同胞，不應忘記南京大屠殺。倭國一旦成爲安理會常任理事國，就等於宣佈他們過去的侵略和罪行都是合理正當之行爲，中國人是可殺可辱的，如此中國人和一條

該會除將向上述人士贈送錄影帶外，還擬向國際傳媒、專欄作家、智庫、政治人物、社會要人及重要大學、圖書館等廣為贈送。每套錄影帶（包括三部）認捐費為六十元，捐款可以抵減所得稅。

支票抬頭：AMVNM，地址 P. O. Bo 520194, Flushing, NY 11352－0194。詢問電話：（914）921－2933；（718）358－8576。

狗又有何不同？又有甚麼機會崛起於廿一世紀？有甚麼資格說是炎黃子孫？有何面目說自己是有五千年文化、有泱泱大國之子民？

而反之，倭國多年的歷史翻案工作，便獲得全世界公認。未來他們大可對自己的國民、後代子孫說：二戰時，日本是被中國侵略的，八年戰爭是中國人自己製造挑起的，而南京大屠殺根本虛構，就算有死幾個人，也是中國人自己打架打死的，現在日本右派都這麼說的。

在落杉磯有記者吳忠國報導，全球大串聯一起向日本進聯合國安理會「嗆聲」簽名活動，兩個月來已收集到四千二百萬個簽名支持，反應熱烈。「洛杉磯第二次世界大戰史維會」宣佈，他們將進入第二階段，大型報導日軍二戰罪行，讓美國人民理解倭國在二戰的恐怖罪行，與納粹屠殺猶太人相同兇殘和血腥。

主辦單位「史維會」原設定百萬簽名，結果超乎想像達到四千二百萬個簽名，士氣大振。理事長臧大成、理事黃授良，及日裔理事山中譽中出席記者會，呼簽大家再接再厲，第二階段目標是「報導日軍罪行」和「募集十萬元經費」。

臧大成提出中國名言，「一失足成千古恨、再回頭已百年身」，呼簽倭國小泉首相趕緊懸崖勒馬，以免越陷越深不可自拔。他深具信心認爲，讓美國民眾認知到倭人在中國及各鄰國的暴行，這是中國人向民族歷史交代的負責態度。

在各國簽名統計上，前幾名分別是韓國十六萬四千、美國十三萬、加拿大七萬、日本四萬四千、英國三萬五千、澳洲一萬八千、而洛杉磯一地的華人就有五萬四千之多。

兩岸三地也交出好成績，台灣人在全球簽名上佔二十萬六千多人，澳門九萬九千、香港二十三萬一千人。而中國大陸佔最多，超過一千萬大關。

日本至今仍是「帶罪之國」，因其不認錯、不道歉、不賠償，將使這個民族永遠活在世人指責，活在黑洞中。同樣發生屠殺猶太人的德國，他們早已完成認罪、道歉和賠償的工作，德國子民在全球各地受到的尊重必然不同，他們也有全新的未來。

當這個反對「日本入常」活動正開展之際，孫大公寫一封信給「史維會」會長臧大成和理事黃授良先生，該信見「在美國致力揭發南京大屠殺真相」一文中，孫先生除積極支持，並附一小張支尉及表明要當該活動的義工。直是江海不擇細流啊！反對倭國入

> 主辦單位歡迎捐款，支持他們到聯合國抗議，捐款可寄到：P.O. BOX 14265，Fremont，CA 94539 USA，支票抬頭：Global Alliance。或是上網捐款網址 Paypal.com。(Account:donation@global-alliance.net）。

常的簽名能達四千多萬就是這一個個小老百姓願意站出來的結果，產生一種極大的春秋大義力量，正是古人謂「微言大義」之意。

也大約是小泉純一郎任倭國首相時，我原住民立法委員高金素梅，率領一百八十原住民在大阪地方法院，控訴小泉參拜靖國神社違憲，又到東京靖國神社要求迎回祖靈，可以想見是沒有結果的。但吾人贊揚此種義舉，如高金素梅所言：「我們的聲音雖小，不過我們的決心不變！」

歷史與社會公義的維持，春秋大義之彰顯，便是由許許多多像孫大公、高金素梅這樣有正義感的人，勇於站出來，願意成為一滴水、一涓細流、終成大江海，產生大力量；那些腐敗、邪惡和黑暗勢力，見正義壯大，自然就退縮或消逝了。讀者諸君！以為然否？

解甲歸田作良民：思考要三民主義？還是資本主義？

孫大公的軍人生涯終於結束，解甲歸田作良民，人生的舞台、跑道都轉換了，每日生活或工作重心自然也變了。但唯一不變的，是他對這塊土地的關心、愛心是永遠不變的，對國家發展方向和社會風氣，乃至對當朝政局的關懷也是永遠不變的！

民國六十九年五月八日，孫大公再有一封信寫給經國先生。（註：孫君有數封信寫給蔣先生，

伯父鈞鑒：（本書作者註：指蔣經國先生）
讀報載「難忘的一年」感動殊深，願獻微言，以盡
匹夫言責。
侄不敏，僅愛國心可取。前曾投筆從戎，與孝文兄
為袍兵，期滿後解甲歸田，作良民。回日睹國人生活於
前所未有之安樂富足環境，願其綿長，故特將影響民
心士氣之社會風氣，為一般明哲保身之士戒言者，冒昧
呈於
鈞前，以期或有助于參政，尚祈獎其忠而恕
其直。
一、一般大眾之反應：
值此國際風雲詭譎之際，國人幸有英明
總統之領導，非但履險如夷，而且生活於安樂富足

都稱伯父，因與孝文有同學之情份。）該信孫君把當時國內社會現狀，作了真實的描述反應：

第一，國際風雲詭譎之際，國人有蔣先生的英明領導，使社會上每人充滿信心與安全感。但眾人憂心沒有適宜的繼任者，放眼國內外尚不見端倪，各界議論、疑惑者多，甚有藉機蠢動者。

第二，總統宵旰爲公，愛民如子，可以爲聖，但部份執行官員自私自利，只見良法美意，而計劃執行不見成效。久之，民眾以爲政府缺乏誠意，則影響民心士氣。

第三，「難忘的一年」七月二十七日所揭示之「公正廉明」，爲任何政府之圭臬，澈底行之則雖夷亦服，極望服公者皆能遵從明示。

孫君這封信寫的實實在在，那個年代至今不到三十年，四十幾歲以上的人都能感受那種氣

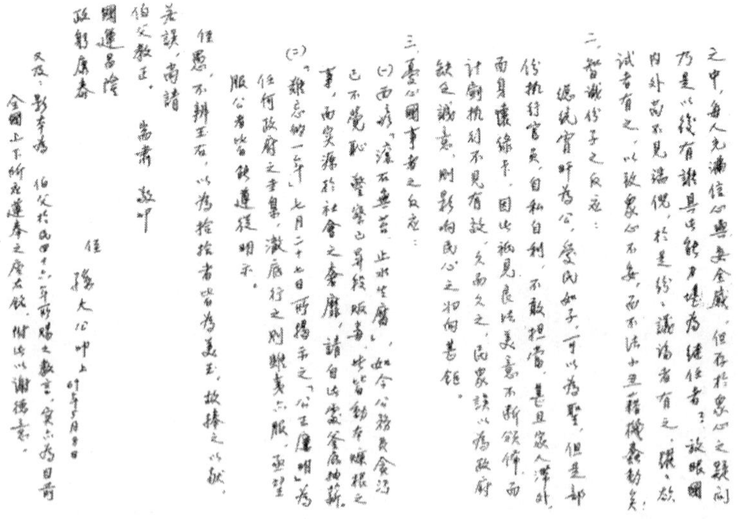
之中，每人充滿信心與安全感，但存於眾心之疑問乃是以後有誰具此能力堪為繼任者？故眼國內外尚不見端倪，於是紛紛議論者有之，[illegible]試者有之，以致眾心不安，而不法小丑藉機蠢動矣。
二、智識份子之反應：
總統宵旰為公，愛民如子，可以為聖，但是部份執行官員，自私自利，不敢擔當，甚且家人滯外，而身懷綠卡，因此祇見良法美意不斷頒佈，而計劃執行不見有效，久而久之，民眾誤以為政府缺乏誠意，則影響民心之趨向甚鉅。
三、憂心國事者之反應：
(一)面對「滾石無苔，止水生腐」，如今公務員貪污已不覺恥，[illegible]已屬殺販毒，[illegible]之事，而實源於社會之奢靡，請自此處釜底抽薪。
(二)「難忘的一年」七月二十七日所揭示之「公正廉明」為任何政府之圭臬，澈底行之則雖夷亦服，亟望服公者皆能遵從明示。
侄愚，不辨玉石，以為拾者皆為美玉，故捧之以獻，若誤，尚請
伯父教正。　肅此　敬叩
闔府昌隆
政躬康泰
侄 孫大川 叩上
又及：[illegible] 伯父於民國六十六年所賜之教言，實亦為目前全國上下所應遵奉之座右銘，謹此以謝德意。

氣，五十歲以上的人就更清楚明白了。

惟信中第二項稱「總統宵旰爲公，愛民如子，可以爲聖」一句，句中有三個形像意象詞，前二個「宵旰爲公、愛民如子」，這是千真萬確的事，有兩千萬個「人證」，是歷史公認肯定之事。但「可以爲聖」四字，是否阿諛之詞？確有極大思維空間，此處僅說「可以」，沒有當下稱「是」。

就事論載，蔣經國能否在中國歷史上列入「聖」位，至少是八十年以後才有的定論。但有一點值得注意，蔣先生主政台灣有「貞觀之治」的氣候，即能比貞觀之治，則他和唐太宗應有等價的歷史地位，我的看法如何！尚待史家公評吧！

孫大公解甲歸田，原可以過著如「竹林七

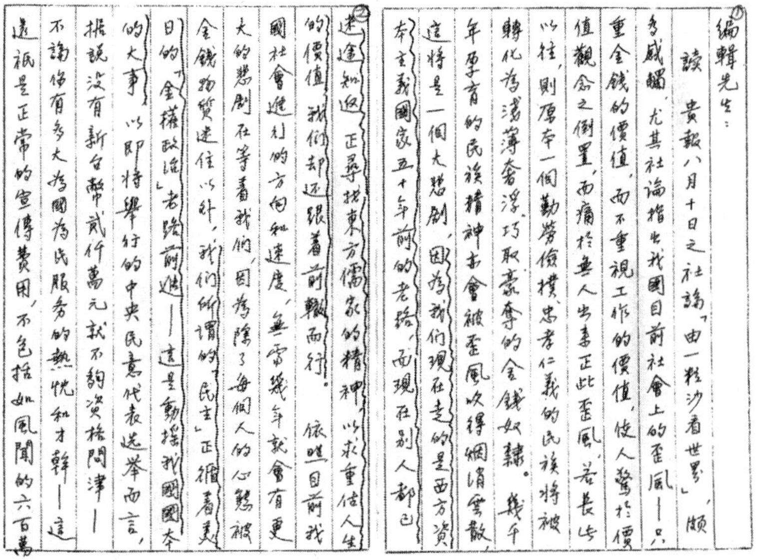
編輯先生：
讀 貴報八月十日之社論「由一粒沙看世界」，頗多感觸，尤其社論指出我國目前社會上的歪風——只重金錢的價值，而不重視工作的價值，使人驚於價值觀念之倒置，而痛於無人出來正此歪風，若長此以往，則原本一個勤勞儉樸、忠孝仁義的民族將被轉化為淺薄奢浮，巧取豪奪的金錢奴隸。幾千年孕育的民族精神亦會被歪風吹得煙消雲散，這將是一個大悲劇，因為我們現在走的是西方資本主義國家五十年前的老路，而現在別人都已迷途知返，正尋找東方儒家的精神，以求重估人生的價值，我們卻還跟著前轍而行。依照目前我國社會進行的方向和速度，無需幾年就會有更大的悲劇在等著我們，因為除了每個人的心態被金錢物質迷住以外，我們所謂的「民主」正循着美日的「金權政治」老路前進——這是動搖我國國本的大事。以即將舉行的中央民意代表選舉而言，據說沒有新台幣貳仟萬元就不夠資格問津——不論你有多大為國為民服務的熱忱和才幹——這還祇是正常的宣傳費用，不包括如風聞的六百萬

賢」的閒適生活，但他牽掛著國家發展方向，國家的「路」走對或走錯？在給一家報社的信中提到資本主義和「美式民主」的大問題，有很重要一段話：

我們現在走的是西方資本主義國家五十年前的老路，而現在別人都已迷途知返，正尋找東方儒家的精神，以求重估人生的價值，我們卻還跟著前轍而行……我們所謂的「民主」，正循著美日的「金權政治」老路前進——這是動搖國本的大事……

此時期孫大公應與黨國元老陳立夫先生接觸，討論三民主義和資本主義，陳立夫先生才有一篇三民主義要旨之書法贈孫君（如下）。現在很多人也把三民主義當破鞋，提都不提，

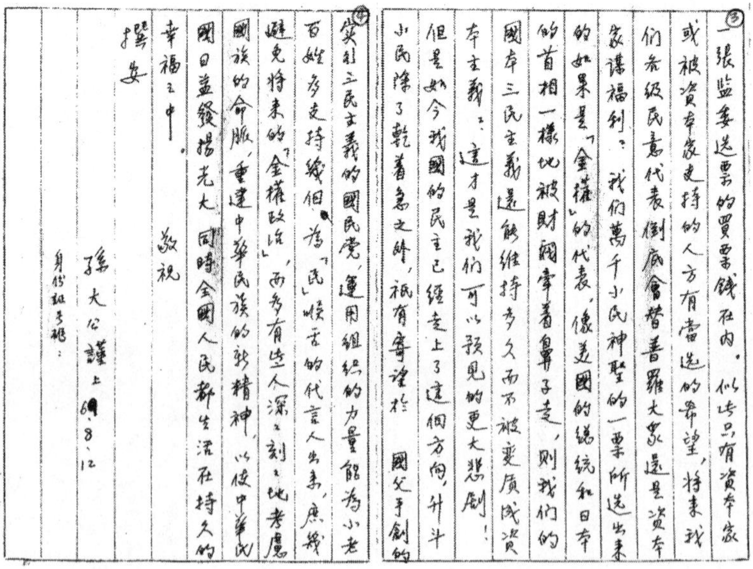

一張監委選票的買票錢在內。似乎只有資本家或被資本家支持的人方有當選的希望，將來我們各級民意代表倒底會替善罷大眾還是資本家謀福利？我們萬千小民神聖的一票所選出來的如果是「金權」的代表，像美國的總統和日本的首相一樣地被財閥牽著鼻子走，則我們的國本三民主義還能維持多久而不被變質成資本主義？這才是我們可以預見的更大悲劇！但是如今我國的民主已經走上了這個方向，升斗小民除了乾着急之餘，祇有寄望於　國父手創的實行三民主義的國民黨，運用組織的力量能為小老百姓多支持幾個，為「民」喉舌的代言人出來，庶幾避免將來的「金權政治」，而多有些人深深刻刻地考慮國族的命脈，重建中華民族的新精神，以使中華民國日益發揚光大，同時全國人民都生活在持久的幸福之中。

敬祝

撰安

孫大公 謹上 69.8.12

身份證字號：

殊不知台灣能有今天的繁榮，全因有一部三民主義憲法。

大陸所推行者，雖叫「中國式社會主義」，實際上實踐中山先生三民主義最力者，即今之中國大陸，中山先生實業計劃之藍圖，正是崛起的中國之具體形像。孫大公先生有一篇給某報編輯的短文，「要三民主義？還是資本主義？」放本文最末供參考。

資本主義有如一隻暴龍般誕生，就像「異形」吃遍整個地球，牠第一次被判死刑是一八四二年的馬克斯和恩格斯，但他們並未說何時滅亡，只說「終將滅亡」。與資本主義有著「連體嬰」關係的民主政治，在地球上流行了一百五十年，到一九九〇年代前蘇聯瓦解，應是資本主義（民主政治）的高峰，馬恩的預言不僅未成真，反而是

三民主義，集古今中外人文思想之大成，以救國救世為目的，其淵源於中華文化道統者，至為顯著。故具有無私無我之公，成己成物之誠，立人達人之仁；不偏不倚之中；日新又新之行，五者齊備，自能使中華民族大剛中正之特性日顯，能建立富強康樂之新中國，並能進世界於大同。大哉中華！天下為公。

大公賢姪

陳立夫

中華民國七十八年農曆元旦

共產主義的祖國蘇聯垮了，是被資本主義拖垮的。可見資本主義多麼可怕，但牠卻拖不垮社會主義中國，老美（代表西方資本主義和民主政治）原也想用同樣方法，把中國拖垮，可惜力不從心，因爲牠本身也快垮了。

進入廿一世紀，因美國資本主義社會的腐化，導至全球經濟災難，人們開始相信資本主義末日就在眼前，馬克斯的「資本論」一書因而熱賣。約瑟希斯（Joseph Heath）的名著「髒錢」一書也大賣特賣，「髒錢」揭示各國人民對資本主義財富正當性的質疑，認爲資本主義社會制度下，資本家的牟利，違反了公平、正義和道德原則，所賺到的錢根本是髒錢。儘管如此，資本主義及其連體兄弟民主政治是否會很快滅亡呢?應也不會。

我在自己的著作倒會針對這個問題深入研究，在「馬恩共產主義的策略性與人類前途」論文，收在「春秋正義」（台北：文史哲出版社，二〇〇七年十二月）一書，預測資本主義的滅亡應在本世紀中葉，屆時將全球流行社會主義，且有「中國式社會主義」、「印度式社會主義」……等等各種形態的社會主義，意著可讀拙著該論文以知其詳。

這是別話了，我們回到孫大公這個主題上。後面可參閱孫君的短文「要三民主義？還是資本主義？」，孫君較吾等早三十年思考這個問題。

要三民主義？還是資本主義？

編輯先生：

今日各報競載監委選舉的投票種種，對賄選傳聞都有強烈的暗示，讀來令人心驚肉跳，深恐　國父手創的「三民主義」很快地會被各種選舉變質為「資本主義」。試想，一千萬元買一票，買十票就要一億元，像這樣當選的人他會代表社會大眾發言呢？還是代表有錢的人講話？他花的錢將來又如何回收？（可能像二十七日聯副上唐偉先生大作「監察院的門票」所預測的了）。各種選舉類此發展下去，就會變成像日本的金權政治，首相是由大財閥支持出來的傀儡；或和美國的總統為答謝支持到中國大陸推銷可口可樂一樣。似此不出十年則三民主義有被資本主義取代的危險。我們小老百姓吃了多氯聯苯和假酒，吸了媒煙和毒氣，又有誰來為我們爭取權益呢？因為保護消費者的法條如果和資本家的利益相衝突的話，很可能在議事堂裡就通不過去。

前次增額中央民意代表選舉時，我就曾為此杞人之憂請見國民黨之中樞高級長官，懇以黨的力量多舉無錢競選的賢能之士為民服務，如今選舉職司風憲的監委居然賄選的傳聞更駭人聽聞，只有借　貴報一角籲請各位龍的傳人擦亮你的眼睛，在以後任何民意

代表選舉時多投「窮賢能」一票，使代言有人，並確保三民主義的國家，大家可永永遠遠生活在幸福康強裡。　敬頌

撰安

孫大公拜上

劊子手的下場

林國峰（孫大公提供）

二〇〇五年五月二十六日，日本厚生勞動省政務官森岡正宏，在自民黨員集會上，聲稱：『祭祀在靖國社的甲級戰犯不是罪人。』『依國際法參戰，日本士兵殺人不罪惡。』自民黨總務會長久間章生也呼應：『遠東國際軍事法庭是美國片面主持，不應視戰勝國爲正義，戰敗國爲邪惡，日本視爲不公平，所以不需爲戰爭道歉。』這是日本政要首次公開否定當年審判爲借口，向國際常識與歷史事實發起的挑釁，也是爲其戰犯開脫，掩蓋罪行與美化戰爭的偏激謬論，更是全面向歷史翻案的先聲。

自小泉上臺後，拉下一批親華的政治家，換上右翼政客後，連續四次親率群臣參拜神社，嚴重傷害亞洲各國人民的感情外，默許或慫恿政要不當言論，都是預謀的反華警訊，不能以「胡言亂語」或『荒腔走板』視之。它已爲中日關係投下不可測的深水炸彈，加上長年累積的新仇舊恨，及最近多起磨擦的後果，與侵犯臺灣漁民捕魚轄區的衝突，誰敢保證中日兩國不會有另一次大戰的可能？因此有必要回顧一九四六年東京大審的正當性被判罪犯的最終下場。

二次大戰結束，日軍戰敗投降，太平洋盟軍最高統帥麥克阿瑟下令成立『遠東國際軍事法庭』，負責審判日本戰犯。參審的盟國有中、美、英、蘇、法、澳、加、紐西蘭、菲律賓、越南和印度共十一個國家，是爲舉世矚目的『東京大審』。審訊重點是震駭中外、慘絕人寰的『南京大屠殺』，及其他戰爭中的受害國，共同要求日本得負罪責的嚴肅審判。

一九三七年（民二十六年）底，日本以華中派遣軍總司令松井石根大將就統率的中島今朝吾中將的十六師團、吉住良輔中將的第九師團、谷壽夫的第六師團、末松茂治中將的一一四師團，爲進攻南京的主力，另以第十二及十八兩個師團，自南北兩路發動壓倒勢的鉗形攻勢，目標直指南京市，作戰指令是殲滅戰。因此，作戰之初，就強調切斷我軍退路，以『殺人』爲震攝逞威的手段。

南京守將唐生智請纓爲帥，一九三七年秋，他意氣風發，豪氣干云，顯有大將之風，防禦部署頗爲積極。熟料，十二月十日，日軍發動攻勢，他卻棄城而逃，置南京數百萬民於不顧，隻身由浦口竄逃。十二日深夜，日軍攻陷南京光華門，家田政少將之部份先沖入城內，立即對我軍民及非武裝軍人進行瘋狂屠殺，釀成人類史上空前未有的滅絕慘劇。根據中、美、日三方已解密的統計道料，谷壽夫第六師團殺害二十三萬首，中島今朝吾的十六師團殺害十四萬居次，其他日軍部隊殺害六萬餘，總計達四十三萬之多。

日軍攻占南京的高級軍閥認爲狹小的日本攻打中國，付出代價太大，激憤難消；下級士兵本以爲可打一場硬仗，滿足武士道的英雄感，卻因唐生智的不戰而逃，激起日軍士兵的變態心理，入城後即瘋狂殺，大事奸淫擄掠，生縛活埋，腸肚外流，屍體狼藉，金陵春華頓成人間地獄。尤可恨者，谷壽夫部屬宮岡和野田兩准尉之殺人比賽，更是慘絕賽寰。十二月十二日，兩人手持砍缺了口的軍力在紫金山碰面。野田：『我殺了一百零五名，你呢？』宮岡答：『我殺了一百零六名。』說罷兩人同作狂笑，約定十三日再度進行殺人賽。是爲駭人聽聞的『百人斬』殘酷屠戮，創出金氏最高殺人紀錄。

據日本華中方面軍參謀長中山寧人中將在庭上作證，指出南京大屠殺歸納爲：

1. 一般市民的屠殺
2. 俘虜的屠殺
3. 外國權益財產的侵害
4. 強姦婦女與掠奪財物

是有『區分』有『計劃』的軍事行爲。他更指出：『依松井石根司令指令，因補給困難，牽累軍事行動，無法安置，凡俘虜及有反抗可能的軍民一律槍殺，以利作戰進行，雖慘烈卻是不可避免之事。』可見松井石根、谷壽夫和中島今朝吾是『南京大屠殺』的三主兇。

卅五年十月，秦德純和王冷齋奉盟軍東京法庭通知，出庭作證。行前奉蔣委員長指示：

㈠要堅決指定日本是最惡毒的侵略國家。

㈡認定東條英機是發動戰爭的禍首。

㈢證明土肥原賢二是執行侵略政策的重要主持人。

由十一個盟國遴選法學湛深的專家爲審判官，以澳籍的威廉韋甫爲審判長，美籍的基南任首席檢查官。我國派梅汝璈爲審判官代表，石美瑜爲法庭作證律師。審判法庭設在日本陸軍省大禮堂內。

審判長韋甫爵士在開庭第一天，以嚴厲神情斥責東條英機等戰犯：『由罪行證明，我們不能把你們當作人類看待。』首先，由秦德純將軍以十足豐富精確的證據提出控訴。最後建議庭上把東條英機、廣田弘毅、松井石根、土肥原賢二、板桓征四郎、木村兵大郎、梅津美治郎、永野修身、大川周、橋本欣五郎、松岡洋右、武藤章……等廿八名列爲甲級戰犯。每次審判時，每一戰犯身後都有兩名美軍憲兵監視，以防意外。

這些甲級戰犯都押在東京巢鴨監獄。每人住一小房，身穿囚衣。美軍檢查徹底，不時脫光衣服反覆、詳細、審密檢查，不僅眼鏡假牙都滴水不露，連外面信件都不許直遞交，必經照相才把照片轉交，以防毒藥自殺。此時，土肥原面容憔悴，精神頹唐，不復當年在北平時的威風；松井兩眼深隙，左頰牙疾腫脹，狠勁盡失；板桓澧光閃閃，終日不語；橋本精神恍惚，右手發抖；梅津斯文冷靜，似有無限悔意；武藤章目光遲滯，喃喃自語；東條倔強，時與獄卒爭執，自知罪不可恕，時常撫摸頭頸，做砍頭狀，『希望這個早點來。』是牢中群犯眾相。

經起訴、搜證、辯論後，一九四八年（卅七年）十一月十二日宣判：

㈠絞刑七名：東條英機、廣田弘毅、松井石根、土肥原賢二、板桓征四郎、木村兵太郎、武藤章。

㈡無期徒刑：煙俊六、梅津美治郎、橋本欣五郎、小磯國昭……等十六名。

在審判過程中，甲級戰犯的松岡洋右及永野修身病死，大川周發瘋。執行絞刑時，由中、美、英、蘇四國代表監察，我國由商震將軍出席。第一批為土肥原、松井、東條和武藤章四人。第二批為板桓、廣田和木村。十二月二十二日，深夜十一時卅分，由美憲兵從巢鴨監獄提出第一批死囚，每人雙手加銬，連鐵鏈都合綁大腿，進入特設佛堂，堂中懸掛佛像，案上陳列法器瓜果，首由日籍法師花山信勝誦經為各懺悔，繼由戰犯至佛像前簽名，以示向佛祖報到。東條繼松井、土肥原之後簽名，初期頗鎮定，但書寫『機』字時，右手顫抖、面呈灰色，以失堂態。簽名畢，各飲葡萄酒一杯，花山和他們一一握手，低聲：『祝一路順風。』由東條領導高呼『天皇萬歲』，『大日本萬歲』口號。十一時五十分，直趨刑場，按次上絞臺就刑。十二月二十三日，凌晨一分三十秒，由菲立普上校下令：『行刑開始。』四名戰犯引頸受絞，痛苦歷程是土肥原六分鐘，東條九分鐘，武藤章九分半，南京大屠殺元兇松井最慘，受夠十二分卅二秒才斃命。

中島今朝吾未被美軍逮捕前，在自宅切腹自殺。另一主兇劊子手谷壽夫，由日本押解到南京受審。審判長是石美諭，審前官爲宋書同。因他犯強姦、搶劫、破壞、殺害等兇殘暴行，公認是心術最險惡，手段最毒辣，貽害最慘烈的屠夫。一九四七年（卅六年）四月二十六日，中午十二時四十五分，谷壽夫被綁赴刑場，即九年前他攻打的雨花台執行。當日天降大雨，谷壽夫跪倒在泥濘中，雙手被綁，頭頸後插一塊『戰犯谷壽夫』的木質斬條。南京市民傾巢而出，冒雨參觀，當執刑者向他腦後一槍斃命，大雨中的民眾發出震耳欲聾的歡呼聲，報了大屠殺之仇。谷犯死前留有一首遺詩，寄給他的日本妻子，其中兩句，其鳴也哀：『身亡異域，魂返君傍，憐之！』這是劊子手下場。

（編者補記：林國峰，陸軍官校二十八期）

第二輯　秦秋手記

寫春秋的夥伴們，左起：陳福成、落蒂、彭正雄、林靜助、林精一

大家緊來聽故事

回應並補述鹿耳門漁夫蔡奇蘭先生關於「桃花泣血記」論述之略說

一、講古與緣起

大約明宣宗宣德年間（十五世紀初），福建泉州有一周嬰著「遠遊編」一書，其中的「東番記」稱台灣這個地方叫「台員」（Ttaiiuan），閩南地區亦如此稱呼。

今天（二〇〇八年十一月九日）我們開座談會這一帶（台南七股、安平），在三百七十四年前正住著西拉亞平埔族部落名稱叫 **Taian** 或 **Tayovan**，明天啓四年（一六二四年）「紅毛番」來了，他們依音叫「台窩灣」。明永歷十五年（一六六一年）鄭成功收回台灣，以後大家都知道了，太平洋西岸除長江黃河大浪潮外，小島上有了微風細雨「微文化」。

本（二〇〇八）年六月二十二日，台北市青溪新文藝學會「青溪論壇」社，在台北市錦華樓招開「推展華人文化交流及落實做法座談會」。會中有鹿耳門漁夫蔡奇蘭先生提報「台語詩文化的淵源和中原文化交流願景」，該文提到由詹天馬作詞，王雲峰譜曲的「桃花泣血記」，是台灣第一首流行歌。（詳見青溪論壇第三期）

但這首歌是否純是「台灣歌」？推其源流和本質，也仍有異議。本文不做論斷，僅從這首歌的源流背景及有關人物史料，提醒這首「台灣歌」仍是兩岸合作的產品。

讓我們乘坐「時光機」回到很久很久以前，那時我們……

二、從上海聯華影業公司「桃花泣血記」說起：純純的故事

一九三二年，上海聯華影業公司（羅明佑、黎民偉等人創辦）製作的黑白無聲影片「桃花泣血記」來台放映。初期的電影為黑白且無聲的默片，需仰賴樂師的現場演奏和「劇情解說人」（俗稱辯士或旁白士或 talkee）來幫助觀眾欣賞與瞭解劇情，當時電影業者為了廣為宣傳以招徠觀眾，特別商請擔任大稻埕電影旁白士的詹天馬，依照電影劇情寫下這首〈桃花泣血記〉的歌詞，再交由當時共樂軒西樂隊指揮王雲峰（〈補破網〉作曲）譜曲，並率領數名樂師編隊在街上演奏宣傳。後來古倫美亞〈或譯哥倫比亞〉唱片會社請來當時相當紅的純純擔任主唱，將這首原只是電影宣傳曲的〈桃花泣血記〉灌

錄成曲盤（昔之「唱片」，今之「光碟」，竟一片而紅，不但曲盤暢銷，也捧紅了純純，讓她成為台語流行歌壇第一位歌星。這部由阮玲玉（廣東中山縣人，一九一〇—一九三五）和金焰主演的電影，卜萬蒼（一九〇三—一九七四，老一輩名導演）編劇，劇情是描述在封建禮教壓迫下，一位受高等教育的青年意圖突破門戶之見，執意娶心愛女子為妻，然而在「吃人的禮教」下，悲傷的結局引人深省也感動不少青年男女：

人生親像桃花枝，有時開花有時死，
花有春天再開期，人若死去無活時。

金焰是大陸遼寧人，在韓國出生，他是三〇年代年青人的偶像，他的外孫女，韓國著名女作家朴桂媛著有「中國電影皇帝金焰」一書（上海文藝出版社），有詳盡介紹。阮玲玉則是默片時代最了不起的女星，原名阮玉英，有「中國嘉寶」之美譽。她一生演過二十九部電影，可惜紅顏簿命，張曼玉演「阮玲玉」，得柏林影展最佳女主角。

純純，本名劉清香，一九一四年生，是家中的獨生女，父母以擺麵攤維生，拗不過女兒堅持，終於答應讓純純在十三歲那年放棄未完成的公學校教育，加入戲班學戲，因扮相俊俏又天生一副好噪子，沒幾年純純就成了當家小生，迷倒不少市井小民，一有她的戲就跟著戲班跑。

這首〈桃花泣血記〉共有中文十段歌詞（如後，不確定），其英文名在網路上見有「A sad Love Story」、「Peach Girl」和「Peach Blossoms are Blooming」三種，台灣以外是否在他國上演，尚待考察。電影宣傳曲最主要的目的就是希望觀眾買票看電影，因此最後一段歌詞就寫著：

> 結果發生甚代誌，請看桃花泣血記。

在〈桃花泣血記〉出師得利之後，古倫美亞唱片便積極網羅詞、曲創作人才，如李臨秋、陳君玉、周添旺、蘇桐、王雲峰、

純純甜美的歌聲，透過曲盤，在日據時代，撫慰過無數苦悶的心靈。

純純短短二十九年的生命，讓人感嘆紅顏薄命。

鄧雨賢、姚讚福等人，純純和另一位愛愛也受聘成爲專屬歌星，備受禮遇。（註：公元二〇〇〇年，高齡八十二歲的愛愛還和馬英九、龍應台一起參加第三屆台北藝術節。愛愛的本名簡月娥，一九一九年五月生於台北新莊。）或許受惠於戲班角色扮演的訓練，讓純純在感情的詮釋上收放自如，由她主唱的歌曲幾乎首首暢銷且傳唱至今，如〈月夜愁〉、〈望春風〉、〈雨夜花〉……。但値得一提的是，根據愛愛（唱紅〈滿面春風〉的台灣第一代女歌星）的憶述，純純早年在戲班因爲意外所致，有一眼裝上義眼，加以生活無定，在倭國錄完〈雨夜花〉回台後就入院動大手術，休養半年多，所以當時上電台或到戲院隨片現場演唱的宣傳工作，都落在愛愛身上，因此，至今仍有不少老一輩聽眾以爲〈望春風〉、〈雨夜花〉是由愛愛主唱的。

同是台灣第一代女歌星，又屬同一家唱片會社，純純和愛愛也培養出如姐妹般的情感，對於純純的感情世界，愛愛語帶感慨地說：「多情害慘了她！」

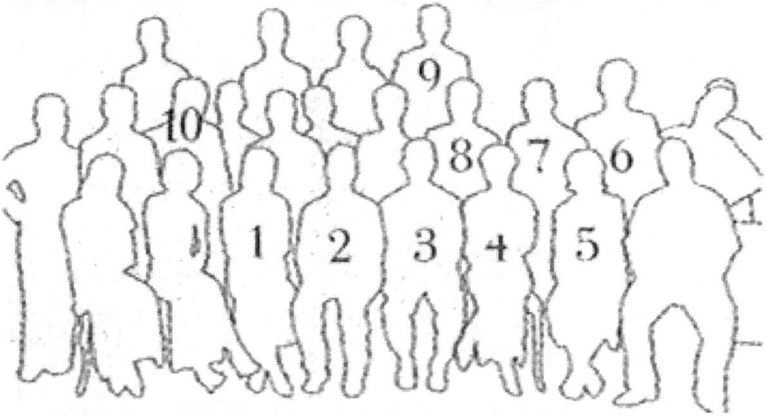

一九三五年，台灣正在流行小曲調歌謠，古倫美亞唱片在當時的「朝風咖啡室」三樓，裝設臨時錄音室，聘請日本技師檜山保來台，此圖攝於檜山保回日本的歡送會上。

1.愛愛。2.古倫美亞唱片老闆柏野正次郎。3.日籍技師檜山保。4.純純。5.艷艷。6.陳冠華。7.蘇桐。8.周添旺。9.張永吉。10.陳秋霖。

純純曾在台北後火車站新舞台的斜對面開了家茶店，愛上一個來店裡喝咖啡的台大學生，兩人情投意合，男孩也有意娶她爲妻，但男方父母認爲自己家勢顯赫，怎麼可以娶一個曾是戲子又是賣唱的女人做媳婦，以門不當戶不對爲由，堅決反對，兩人終告分手。那一年是一九三五年，台灣正在流行小曲調歌謠，古倫美亞唱片順應這股潮流，在現在的台北中山堂前，當時的「朝風咖啡室」三樓，裝設臨時錄音室，聘請日本技師檜山保來台，開始灌錄小曲調歌謠，這首由周添旺作詞，陳秋霖作曲的〈落花吟〉，讓情場失意的純純唱來彷彿在傾訴自己的心聲：

快樂相愛彼當時，不八（曾）離身邊，
那知伊無想阮心意，
將阮來放離，噯嗄喂！可恨令人悲。

和台大學生分手後，純純愛上一位來店消費的倭國人白鳥先生並和他結婚，這樁婚姻雖帶給她短暫的快樂，卻也如被下毒咒般，提早結束她正麗似夏花的生命。

也許是裝有義眼讓她自覺殘缺，抑或是戲台上假鳳虛凰的情節讓她心生嚮往，使她汲汲於尋找愛情來填補心靈的空虛，而愛起來「不顧一切」的個性，讓她聽不進親友的勸告，也看不清真實生活的警訊。

日籍丈夫不但婚後好吃懶做（日本男人成天泡酒家視爲當然，故倭國酒家酒女文化風盛。），而且染有肺病即俗稱的「肺癆」。在日據時代，染上肺癆等於染上絕症一樣，不但無藥可救，且身邊的人也有被傳染的危險。純純的母親曾要求她以事業和身體爲重，離開倭人丈夫，但死心眼的她，自認爲自己收入頗豐，不在意丈夫的吃軟飯，況且只要自己細心照料，丈夫的病或許會奇蹟似地好轉。就這樣，她不顧周遭親友的反對，沉醉在自己一手編織的婚姻美夢裡。她的痴情，陷自己於痛苦深淵中。

這樁婚姻，確曾帶給她快樂。曾多次和純純遠赴日本錄音，擔任樂器演奏，現年九十一歲的老藝師陳冠華表示：「純純結婚後，歌聲變得更輕柔也更甜美，讓人聽了心情也跟著輕鬆起來。」她在一九三六年灌錄這首由周添旺作詞、蘇桐作曲的〈風微微〉時，簡直就是在唱自己的心情：

風微微　吹著花蕊　送著香味，
咱的做陣　甜甜蜜蜜，
哥哥啊！你看咧，東平的月　噯噯！親像為咱出上天。

一九三七年春天，倭國秋田縣發生一件震驚社會的悲劇；一對年輕男女因雙方父母反對而無法結合，女孩竟爲情自殺，停屍家中，那一晚，男孩潛入女孩家中，偷偷抱走女孩的屍體，來到兩人私訂盟約的海邊，緊擁著女孩冰冷的屍體服毒自殺。這起殉情事件，成了當時的熱門話題，周添旺就順勢取材，自譜詞曲寫成〈天國再緣〉的男女合唱曲，由純純演唱女聲，愛愛演唱男聲。哀怨曲調，讓人聽來，不禁爲這對爲情走上絕路的男女，掬一把傷心淚。

是巧合也罷，是命運捉弄也好，隨丈夫病情加重，純純也陷入死別的恐懼當中，雖然母親一再勸她遠離丈夫，以免被傳染，但癡情的她，卻在丈夫斷氣後，還親吻丈夫作爲告別之吻。根據日據時代的民間習俗，得肺癆的人斷氣後，家屬要煎一個蛋，而且要煎得大大的形狀，像太陽一樣，將蛋蓋住死者口鼻，以防病菌散播。但純純因抽咽而顫抖的手，怎麼樣也握不穩掌中的鍋鏟，一次又一次地煎著，好不容易才煎出個像樣的蛋包，親手用蛋包蓋住丈夫的口鼻，之後便再也抑制不住地放聲大哭。許是長期朝夕廝磨所致，在丈夫死後不久，純純也發病，證實染上肺癆。

一九三七年中日戰爭爆發，各家唱片會社重新調整內部人事與發片計劃，純純也在同一年離開古倫美亞唱片會社轉入「日東」唱片。隨戰事吃緊，很多台籍青年被迫或強拉去當倭國軍伕，無數家庭被拆散，而轉入日東唱片擔任臨時歌手的純純也再度唱紅由鄧雨賢譜曲的〈送君曲〉。加上「皇民化運動」的加緊推行，倭國禁止所有中文、台語的流通。規定學習日語和改倭國名字，積極推動「全台灣人民唱倭國歌，向天皇效忠。」由於時局動盪不安，生活物資的缺乏和工作不穩定，讓她無法好好調理身體，加上肺癆第三期的煎熬，使她的歌聲日漸走調，純純身心俱疲。儘管有鼓手那卡諾（光復後寫〈望你早歸〉而成名）的陪伴，終究是日薄西山。

那卡諾，本名黃仲鑫，一九一八年出生，曾以「中野」（Nakano）爲藝名，一九九三年二月二十二日病逝，他的作品除「望你早歸」，尚有「苦戀歌」，曾自組「那卡諾大樂團」，並與楊三郎合作，擔任

短暫的婚姻雖曾帶給她快樂，卻也如被下毒咒般，提早結束她的生活。純純過世後，那卡諾在她的照片背後感傷地寫下這段文字。

「黑貓歌舞團」鼓手及編舞指導等。

「黑貓歌舞團」，老闆是楊三郎（一九一九—一九八九），本名楊我成，原是「滿洲國」樂師。據楊的兒子楊馮漢回憶，舞團名字來自母親的外號，一九五二年成立，後脫衣舞秀興起，一九六五年解散。

剛過逝不久演藝圈的長青樹、享年九十二歲的阿匹婆，早年也是「黑貓歌舞團」要角，阿匹婆本名林呂有，桃園人，一生演過很多電影，如「後街人生」。

一九四三年一月八日，純純闔上凹陷的雙眼，告別璀燦卻多舛的一生，享年二十九歲。正麗似夏花的生命，嘎然而止，讓人感嘆紅顏薄命。一生境遇就像她所唱紅的〈雨夜花〉一樣：

花落土　花落土，有誰人　通看顧，
無情風雨　誤阮前途，花蕊凋落要如何。

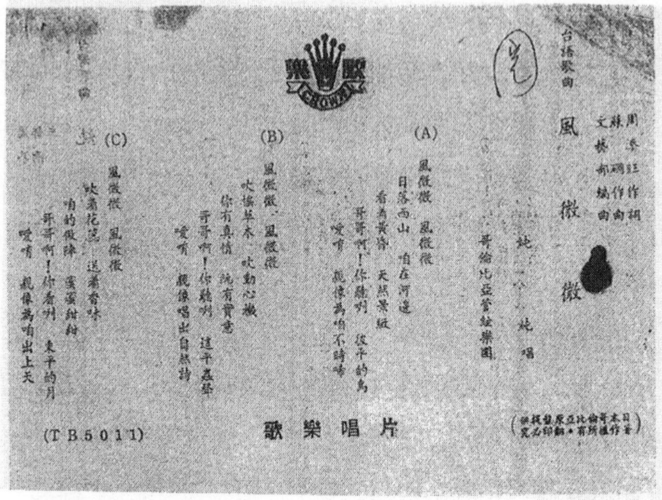
台語歌曲
風微微
純唱
哥倫比亞管絃樂團
(A)
風微微 風微微
日落西山 咱在河邊
看看黃昏 天然景緻
哥哥啊！你聽咧
噯唷 親像為咱不時啼
(B)
風微微，風微微
吹搖草木 吹動心機
你有真情
哥哥啊！你聽咧
噯唷 親像唱出自然詩
(C)
風微微 風微微
吹着花蕊 送來香味
哥哥啊！你看咧
噯唷 親像為咱出上天
(TB5011)
歌樂唱片

風微微

〈風微微〉的
歌譜原稿。

三、關於桃花泣血記「辯士」詹天馬

正當觀眾隨「辯士」感性的聲音，悵然於男演員的淚光之際，辯士突然語帶責備地吆喝了一句：「誰的囝仔，不要放著讓他到處亂跑。」

這是三〇年代電影院內的真實景象，當時的電影是黑白默片，須仰賴電影解說員即俗稱的「辯士」，隨電影情節爲觀眾解說劇情。一九三二年，電影業者引進這部「桃花泣血記」，爲了廣爲宣傳，特別商請當時相當有名的「辯士」詹天馬，依照電影情節寫下〈桃花泣血記〉的歌詞，交由王雲峰譜曲。

德恩無想是富戶，
真心實意愛琳姑，
免驚僥負來相誤，
我是男子無糊塗。

歌詞中的琳姑和德恩是劇中男女主角的名字。

「桃花泣血記」後來曾有電影業者重拍，本書所提供相關圖片為重拍時的劇照，此圖為劇本封面。

「桃花泣血記」劇照。

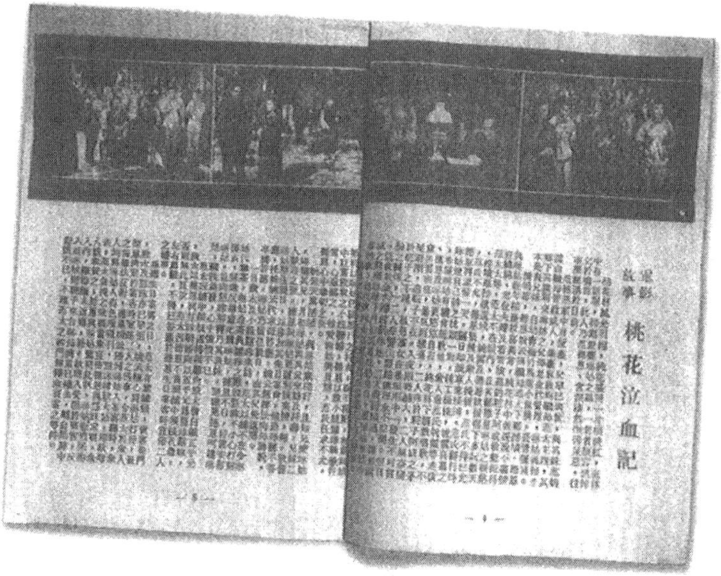
電影故事　桃花泣血記

「桃花泣血記」內頁劇照與電影故事。

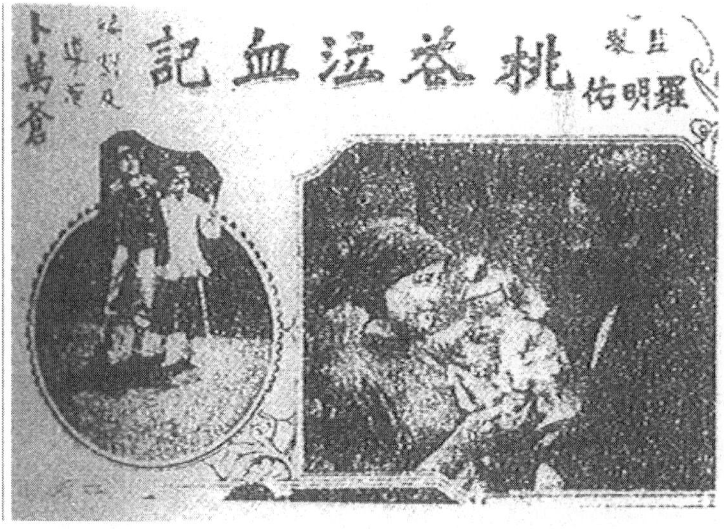

此圖為一九三二年所拍攝的「桃花泣血記」宣傳海報。

詹天馬，早期投效話劇，因擔任「辯士」而名噪一時。當時，由詹天馬所訓練出來的辯士在全台各戲院解說劇情，他的學生都有一個「天」字，如天狗、天豬、天豹、天貓……，而有「天馬派」之稱。在「辯士」一行還很吃香的時候，詹天馬曾在大稻埕，今延平北路二段附近開設「天馬茶房」（也是台灣抗日份子聚會所），是相當高級的咖啡店，也是「二二八」事件的原爆點。後來詹天馬曾任台北廣播電台播音員，專以台語對大陸廣播。也算是對兩岸有貢獻吧！

據周添旺生前所說，有聲電影興起後，「辯士」成了「失業人口」，尤以當時賺錢不容易，詹天馬爲了幫家人蓋一棟

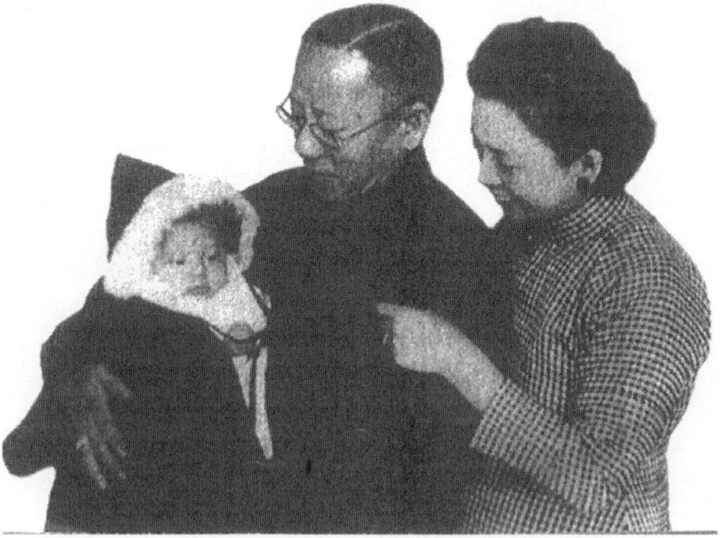

詹天馬與夫人享受含飴弄孫之樂。

可棲身的房子，每個月所賺的錢，扣掉生活所需，剩下的就拿去買幾包水泥或幾塊磚，寄放在建材行，累積幾年後，終於蓋了棟屬於自己的房子，房子蓋好沒幾年，詹天馬就過世了。

四、關於作曲家王雲峰

王雲峰，一八九六年（光緒二十二）生於台南，本名王奇，祖父曾考上清朝的進士，父親在他出生前即過世，成了遺腹子，十歲喪母，十一歲來台北。來台北後經常到由倭國人所組成的樂團排練現場駐足聆聽，此舉引起樂團樂師岩田好之助的注意，在瞭望他的身世後，對他生起憐愛之情，並發現他對音樂有極高的熱愛，於是傳授他音樂知識，更在他十七歲時，送他到倭國東京神保音樂學院深造兩年，奠定他

王雲峰退休後專心研究藥草學理，並經常為鄰居開藥方，治療疑難雜症。

在音樂方面的基礎。本身非常有戲感的王雲峰，返台後在永樂座戲院內擔任「辯士」，發揮另一項長才。曾擔任共樂軒西樂隊指揮，亦曾組永樂管弦樂團。

一九三二年和詹天馬合作寫出〈桃花泣血記〉後名噪一時，古倫美亞唱片延攬他爲專屬作曲家。據他的女兒王壽惠表示，王雲峰在寫曲時，經常是邊拉小提琴邊寫。戰後，加入台灣省警備司令部交響樂團（今台灣省交響樂團前身），擔任管樂組組長，也是樂團的 **clarinet** 手，曾在國慶大典中擔任樂團指揮。六十五歲自樂團退休後，定居台北市石牌附近，專心研究藥草學理，經常爲鄰居開藥方，治療疑難雜症，鄰居都稱他爲「活神仙」。

王雲峰作品不多，約三十幾首，較爲人所熟知的除了這首〈桃花泣血記〉外，就是傳唱至今的〈補破網〉。他和鄧雨賢、蘇桐、邱再福四人，並稱台灣四〇年代台語流行歌的「四大金剛」。王雲峰與作詞家李臨秋私交甚篤，兩人在一九四八年合作寫出〈補破網〉，這首歌也成了他的封筆之作。一九七〇年過世，享年七十四歲。

桃花泣血記

（二部合唱）

（1932年作品）

詹天馬　作詞
王雲峰　作曲

人生親像桃花枝
有時開花有時死
花有春天再開期
人若死去無活時

2、戀愛無分階級性，第一要緊是真情，琳姑出世歹環境，相似桃花彼薄命。
3、禮教束縛非現代，最好自由的世界，德恩老母無理解，雖然有錢都也害。
4、德恩無想是富戶，堅心實意愛琳姑，免驚僥負來相誤，我是男兒無糊塗。
5、琳姑自本也愛伊，相信德恩無懷疑，結他兩緣甚歡喜，相似金枝不甘離。
6、愛情愈好事愈多，頑固老母真囉唆，富男貧女不該好，強激平地起風波。
7、離別愛人真艱苦，相似鈍刀割肚腸，傷心啼哭病倒舖，悽慘失戀行末路。
8、壓迫子兒過無理，家庭革命隨時起，德恩走去欲見伊，可憐見面已經死。
9、文明社會新時代，戀愛自由即應該，階級拘束是有害，婚姻制度著大改。
10、做人爸母愛注意，舊式禮教著拋棄，結果發生甚代誌，請看桃花泣血記。
（註：據說原歌有十二段，現存有十一段，此處只找到十段。）
按鄭恆隆、郭麗娟著，「台灣歌謠臉譜。」

桃花泣血記

詞：詹天馬／曲：王雲峰

人生親像桃花枝　有時開花有時死
花有春天再開期　人若死去無活時。
戀愛無分階級性　第一要緊是真情
琳姑出世歹環境　親像桃花彼薄命。
禮教束縛非現代　最好自由的世界
德恩老母無理解　雖然有錢也真害。
德恩無想是富戶　專心實意愛琳姑
免驚日後來相誤　我是男子無糊塗。
琳姑本正也愛伊　信用德恩無懷疑
每日作陣真歡喜　望要作伊的妻兒。
愛情愈好事愈濟　頑固老母真囉嗦
富男貧女盃不好　強制平地起風波。
紅顏自本多薄命　拆散兩人的真情
運命作孽真悽慘　失意斷送過一生。
離別愛人蓋艱苦　親像鈍刀割腸肚
傷心啼哭病倒鋪　悽慘生命行無路。
壓迫子兒過無理　家庭革命隨時起
德恩走去找見伊　可憐見面已經死。
文明社會新時代　戀愛自由才應該
階級約束是有害　婚姻制度著大改。
做人父母愛注意　舊式禮教著拋棄
結果發生啥代誌　請看桃花泣血記。

註：收在黃裕元著「臺灣阿歌歌」一書，「桃花泣血記」有十一段，且歌詞和鄭恆隆、郭麗娟所收存，頗多差異。

臺語流行歌的春雷

〈桃花泣血記〉是一部上海電影的名稱。當時是默片時代，電影院必須負責音樂及旁白解說。一九三二年這部電影來臺播映，由臺北知名辯士（電影解說員）詹天馬，與本土樂團帶頭者王雲峰合作，創作電影宣傳曲，供樂隊街頭演奏。這首歌曲調簡單，描寫電影裡的曲折愛情故事，共有十一段謹守七字四句的四句聯歌詞，因為票房反映熱烈，連帶也在街頭流行起來，被公認是臺灣第一首傳唱普及的新流行歌。

當時本土唱片製作業是以歌仔、傳統器樂為主，古倫美亞唱片注意到這首歌，於是聘請歌仔戲唱片歌手純純將這首歌灌錄成唱片，唱片賣得不錯，打響了新流行歌的春雷，於是諸多唱片公司與作詞作曲者簽約，展開臺灣第一個創作流行歌的爆發期。

古倫美亞唱片公司發行的唱片，黃裕元，「臺灣阿歌歌」。

五、「桃花泣血記」之前的台灣歌

「桃花泣血記」在當年流行一時，可惜好景不常，隨著皇民化運動積極開展，從一九三七年開始，所有閩南語和國語歌謠全部禁唱，蓋漢倭奴王國企圖從文化上（一切文學、音樂、藝術等），全部剷除台灣人文化上的根，讓台灣人全「質變」成「皇民」。台灣文化根何在?即中華文化也，這是「母親的奶水」。

關於「桃花泣血記」這首歌，向來被認爲是第一首台灣歌（或叫台灣歌謠），但仍有異議，這要從史料做考証。民國十二年（大正12、1923）十二月十六日，在日本爆發「台灣議會期成同盟會」，被認爲是反日組織，於是從台灣進行大整肅。被捕者「難以估計」，事後許多人「下落不明」，當時台灣名流如蔣渭水、蔡培火等都被捕入獄，蔡培火在獄中作「台灣自治歌」，才是第一首台灣歌。（詳見二〇〇〇年七月十三日，聯合報。）

事實上「桃花泣血記」歌謠流行之前，除了「台灣自治歌」外，早有各種流行歌，只是流行範圍不廣，如情歌、農村曲、病子歌、牛犁歌、竹枝詞、山歌、採茶歌、勸世歌、哭調、江湖調、乞丐調。舉例：

河洛情歌 謝雲生

本成相好蜜攪糖，此滿變成雪攪霜；
雪來攪霜平平冷，蜜來攪糖平平清。

客家情歌 佚名

新買茶壺七寸高，十人看到九人摸；
人人都講錫打介，請問阿哥有鉛麼？

這些情都是兩人對唱，也叫「相褒歌」，早在台灣開發早期「十七、十八世紀」已經出現了。相信這些也可以叫「台灣歌」吧！再看一首蔡啓運（光緒年間人）的「苑裡草蓆歌」：

苑裡婦，一何工；不事蠶桑廢女紅；
十指纖纖日作苦，得資藉以奉姑翁。
食不知味夢不酣，人重生女不生男；
生男只管浮浪去，生女朝朝奉旨甘。

今日不完明日織，明日不完繼以夕；
君不見！千條萬縷起花紋，組成費盡美人力。
另外，竹枝詞也是台灣早期流行的山歌，雖叫詞，也是一種詩，舉例：

台北竹枝詞　劉育英（光緒淡水廩生）

文山挹翠不矜奇，茶樹深深美自滋；
不似草山花自艷，四時只見一時宜。

稻江冶春竹枝詞　連橫

二重埔接三重埔，萬頃花田萬斛珠；
穀雨清明都過了，采花曾似采茶無？

桃仔園竹枝詞　吳汝蘭（新竹人）

人唱山歌我竹枝，褒風勵俗不違時；
民情淳厚炊煙雜，正是桃園樸素姿。

山歌是一種「相褒歌」，歌有老山歌、山歌子、平板等多種唱法，客語叫「山歌」，河洛叫「採茶」。山歌的譜調詞都浪漫，通常是男女對唱，很有情調。從明鄭時期流行到日據時代，其他如農村曲：「**二條田岸平平長，兄來種田娘插秧；一日趁人食五頓，肩頭不痛腳也酸。**」都流傳很長久。

這些比「桃花泣血記」流行更早的民歌，很可惜歌譜沒有被記錄留傳下來，但都仍是「台灣歌」。如同我國詩經，都算是先民的歌聲（心聲），台灣的民歌最早應是明鄭時期從大陸帶來的採茶歌（通稱山歌）。

再者，「桃花泣血記」就語言，當然是台灣歌。就「產品」言，仍是兩岸合作的產品，電影的「桃花泣血記」是上海聯華影業公司出品。如鹿耳門漁夫在網路上的定義，是「中國電影桃花泣血記」；如此說來，台灣歌的「桃花泣血記」，是中國電影「桃花泣血記」的主題曲。很好！這是兩岸合作的典範，在日據時代也有很多「藝人」到大陸發展，如同今日，很自然的事。可見自古以來，兩岸人民的往來交流，絕非任何力量所能永久阻隔。

刣人埔話說從頭

這個故事，要從2002年秋天，我到安坑的「刣人埔」勘查開始說起。

在安坑車子路往達觀鎮的路上，清曉橋前方左側，原來有一片矮房子，目前有一些已經改建成洋房，這個地方現名為文山新村，從前叫做大陳義胞村。

顧名思義，『大陳義胞村』就是大陳島『義胞』所住的地方。那是光復初年，國民政府為了安頓從大陳島隨軍撤退來台的義胞，集中居住之地。我去過類似這樣的『大陳義胞村』，還有東部花蓮市的美崙山，南部高雄縣茄定鄉的海邊…等多處。

值得注意的是，這個『大陳義胞村』，在大約一百年前，還有一個很嚇人的名字，叫做「刣人埔」。

也許人埔地名的緣起，或可以提供部分線索：

報導人之一，車子路庄耆老，生於大正元年，筆者採訪時（2002年）92歲的游天福先生說：

日本軍原來要到三峽的小暗坑搜查，從三城湖、大粗坑、二叭仔沿著山腳一路搜索到車子路，說是要捉拿殺害日本軍警的土匪，其實是小暗坑那邊的人做的，日本人不明所以，以為是我們這邊（指新店的暗坑），所以附近幾個庄頭都遭殃，很多房子都被日本放火燒了，還捉了七八十人，大部分都是做田人，也有一些是地方無賴，不分青紅皂白的捉到車子路庄後面，全部槍殺之後，在那裡挖了一個大坑埋起來，所以日本時代以來，那個地方叫做刣人埔（即殺人埔）。

調查小組到安坑的大粗坑訪查，左起莊華堂、當地耆老黃源財、林茂山，右1為游月裡里長夫人。

例如被殺人數從七八十人到一百多人不等，或者是被殺方式以及時間差異的問題，一說是『日本起山那年』。至於日本軍警勦庄的背景，另外一種說法是，日本兵問頭城人「暗坑在哪哩？」，村民答說這裡就是暗坑。其實日本人是要去三峽的小暗坑勦滅土匪，這個誤會造成了安坑地區的大浩劫。

我有一篇以獅仔頭山區為背景的〈暗夜之光〉極短篇小說：

老婦人打量著女人。問他：「伊是阿本仔婆？」

男人張著嘴巴，臉上有些驚慌。「是…伊是日本人。」

「卡早阮這間草厝，就是給日本人燒去。」老婦人瞇起眼，臉上是哀傷又堅毅的表情。「彼次，阿本仔真夭壽，連阮頭家也抓去刣…。」

男人年輕的時候，曾經在這片山區做過茶販，直到太平洋戰爭發生，茶葉外銷走下坡，才去城裡井上醫師家幫忙，山裡的事多少知道一些。老婦人說的那件事，發生於日本起山的第二年，山裡的土匪結合一些農民一起抗日。後來大批日本軍警進入獅仔頭山追勦，他們在山區裡燒了許多民居，並殺了一些無辜的百姓。

【本報台東訊】日治時期關山鎮曾由日本政府設立里壟神社，意圖取代關山天后宮的信仰中心地位，官方壓力一度迫使天后宮信徒活動轉入地下，甚至改為佛寺型態以求保存，直到光復後才恢復。如今天后宮依舊是地方信仰中心，里壟神社卻幾乎連遺址都看不到。

高大的牌樓及占地近四百坪的天后宮，是台東縣內頗早廟宇，具一百零八年歷史。里壟神社創立於民國十七年，日治時期光輝一時，每年十月十七日有盛大祭典，主要供奉開拓三神及能久親王，如今卻已難看出舊觀。

鎮公所指出，天后宮最早由台中一名遷移到東部開墾的信徒請來媽祖像，原供奉在一處民宅後草房內，後來信徒增加，加上颱風侵襲，曾遷廟三次，最後由信徒曾石生發動募款，在現址建廟生根。

中日戰爭爆發後，日本政府推動「皇民化運動」，其中包括「寺廟總整理」，強迫台灣人民破壞神像、寺廟，改祀神社，在關山鎮設置里壟神社，信徒們擔心神像被毀，由於日本人也信佛，把天后宮改名關山寺，改拜佛祖，祭祀媽祖的活動轉入地下。

鎮民林存德說，小時候父母曾帶他去里壟神社「走走」，當時父母偷偷告訴他「這是阿本仔的廟，看看就好」。

▲關山里壟神社僅剩下殘留的遺鳥居基座。　施鴻基攝

關山天后宮於日治時期曾被迫入地下運作，也改成佛寺保存元氣，光復後仍是關山鎮民主要信仰中心。　施鴻基攝

「皇民化運動」企圖改變台灣人民信仰

文化（文學、詩詞等），是一個民族的共同心靈世界，整體子民的共同夢境。人的生存和生活都受制於經濟條件和當時的背景環境，也就是說人民在他當時所生活的環境中，有怎樣的經濟條件和社會環境等，便會產生怎樣的文學詩歌。這之間的因果關係是必然的，牢不可破。

台灣大學音樂學研究所的沈冬教授，在研究「桃花泣血記」同時代的歌謠（音樂、戲劇藝），指出台灣傳承上海的藝術風格有三：即海派京劇、流行歌曲和舞蹈。台灣人民心中「像孤島一樣懸浮於無時間的廣洋裡」的流離失所，爲國弱民貧而感慨憤懣。

由此觀之，來體察日據時代的台語歌謠，幾乎充滿哀怨、可憐、痛苦，很少聽到快樂的。這和倭國在台灣實行恐怖屠殺政策（如上）有關，台灣人成了二等國民，女人則是第三等人，窮人家流行賣女兒，「酒家文化」更是盛行。這種氣氛下，台灣人那裡有尊嚴?那裡快樂的起來，反應在歌謠上盡是一些悲慘、失意的作品，且很多歌充滿「東洋味」，簡直把倭國當祖國，但少數人被「皇民化」後，失去自覺能力。實例太多了。

七、小　結

用蔡奇蘭兄在今年六月的座談會報告的結論爲本文小結，台語文化乃淵源自中原文化的一支，因爲時代環境的變遷，分化歧異。但是，如果能夠促進實際的交流與比較研究，必然更能發揚光大。如何落實做法，有待同好們共襄盛舉。

根據聯合國估計，在本世紀中葉前，全世界會有六千種少數人口使用的語言會消失。若然，台語、客語到時尚在否?中國是多民族國家，有許多少數民族使用的語言，有很多「微文化」。也許進化舞台有其遊戲規則，也許中國歷史文化有如「神咒」般的統攝力量，但吾人仍不忍這一點「微文化」消失，積極搶救吧！

最後，當代年青知名的女詩人紫鵑小姐，在乾坤詩刊四十七期訪詩人余光中教授，「心有千瓣的一株蓮」文中，有一段「關鍵性」對話，做爲本文之總結。

紫鵑小姐問：台灣文學與中國文學一脈相傳，不過台灣當局一直在探討本土的自主性問題。余教授您認為身為台灣年輕人，應該如何面對台灣文學與中國文學？他們應該何去何從？

余光中先生答：我一直認為，以中文或華文寫作的人，必須正視自己民族的兩個文學傳統。第一個是大傳統，從《詩經》、《楚辭》以來的大傳統。第二個是五四以來的小傳統，所謂新文學的傳統。你要注意這兩個傳統，不能一無所知，否則就無法做一個中文也好、華文也好的作家。你現在要否定中國的大傳統，然後又硬說新文學傳統是從台灣自己出生，這是很可笑的事情。這樣會變成井底之蛙，也許在政治上很爽，可是在文化上，過了五年、十年，在台灣造就的這一批學生，就會一無所知。

中國文學就是我們民族的文學。說得更簡單一點，就是我們整個民族的記憶，是一個夢，你怎能將一個民族記憶像擦黑板一樣擦掉？他做夢，你不准他做，那還剩下什麼？

一個民族不可能沒有過去，叫一個民族只能回憶四百年，這是很可笑的事情。所以我還提倡過一句話「不能剝奪我們下一代的文化繼承權」，因為這繼承權包括整個中國文化。

（本文於九十七年十一月九日，在台南「台灣南北藝文動態文化趨向探討座談會」提報，再修訂後發表於「青溪論壇」第四期，九十七年十二月。）

本文圖文資料整理自：

（1）黃裕元，臺灣阿歌歌。向陽文化，二〇〇五年八月。

（2）鄭恆隆，郭麗娟，台灣歌謠臉譜，玉山出版，二〇〇二年二月。

（3）蘇子建，鄉詩俚諺采風情，新竹市文化局，九十六年九月。

（4）莊華堂，土匪窟的故事，唐山出版社，二〇〇八年二月。

（5）台北市政府，說我家鄉，八十六年六月。

（6）乾坤詩刊，第四十七期，二〇〇八秋季號。

（7）「上海聯華影業公司」、「桃花泣血記」、「阮玲玉」、「金焰」、「詹天馬」、「王雲峰」等關鍵詞，網路尋找。

臺灣歌謠大事簡表〈一九三七年前〉

年代	社會世相、歌壇、內容與形態	代表作品與舉例
明鄭清代	隨鄭成功收復台灣，也引進茶葉種植，帶入漳、泉一帶的採茶歌。這種採茶歌（山歌、情歌），流行到民國。	
一七七九（乾隆）	在薛汕一帶發行最早的歌本「陳三五娘之箋」，也流行於台灣。	
一八九七（光緒）	「台省民主歌」又名「台灣民主歌」，在台灣割日後，流行於台灣、閩南一帶。	一八九七年上海點石齋出版。
一九〇〇	•北部地區流傳著一種「採茶戲」，由固定團體唱唱跳跳，其歌詞淫穢，又以肢體動作挑動觀眾。 •「陳三五娘」和「山伯英台」清末以後開始在台灣流行。	
一九一四	林石生、鮑蓮生、何阿文、何例添、黃芳榮、丞石安、彭阿增等人到日本錄製二十一面唱片，均屬客家歌。	
一九一七	「台灣の歌謠上名著物語」，是第一本台語歌本。	作者是平澤丁東。
一九一九	王雲峰成立「雲峰管絃樂團」，爲臺灣最早西洋樂團。「臺灣歌」徵選活動。	
一九二五	•臺北本町資生堂代理「金鳥牌」小型唱片，以便宜的民謠唱片打開本土市場。 •一九二〇年代開始流行「烏貓烏狗歌」。	•臺灣自治歌（蔡培火） •陳石春編唱「安童買菜」。

一九二九	•日蓄在臺負責人柏野正次郎發行「改良鷹標」唱片，發行黃韻柯、幼良、秋蟾、汪思明等人的民謠唸唱。 •日蓄為美商 Columbia 併購，在臺代理公司漢文正式易名為「古倫美亞」。	•臺灣行進曲 •烏貓行進曲（秋蟾唱）
一九三〇	倭國佐藤喜久間於臺北創立「鶴標」唱片，製作笑科、相褒歌的臺語唱片。「羊標」等唱片陸續發行。	烏貓烏狗歌（汪思明編唱）
一九三一	成立臺北放送局（JFAK，廣播電臺）。	一八九七年上海點石齋出版。
一九三二	中國默片電影「桃花泣血記」來臺播映，臺灣版的電影 宣傳曲流行市街，帶動臺語新曲唱片市場。	•桃花泣血記（詹天馬／王雲峰，純純） •倡門賢母（李臨秋／蘇桐）
一九三三	•「臺灣文藝協會」成立。 •〈東京音頭〉創下四十八萬張銷售記錄，創下戰前流行歌傳奇。 •陳君玉任職古倫美亞文藝部，大量灌製台語歌，「月夜愁」、「紅鶯之鳴」、「老青春」、「怪紳士」流行。	•望春風（李臨秋／鄧雨賢，純純） •月夜秋（鄧雨賢編／周添旺，林氏好） •東京音頭（小唄勝太郎，三島一聲） •美臺團團歌（蔡培火）
一九三四	•郭博容創「博友樂」唱片，陳君玉等加入，歌星青春美、蔡德音、林月珠、月娥等。 •留日音樂家組成「鄉土訪問音樂團」，巡迴臺灣西部五大都市表演。	•雨夜花（周添旺／鄧雨賢，純純） •台灣少年進行曲（北原白秋／山田耕作） •台灣青年歌（北原白秋） •河邊春夢（周添旺要

一九三五	・勝利唱片在臺業務由板橋林家所屬企業特約代理，開始製作臺語流行歌。 ・唸歌名人汪思明成立思明唱片，灌唱民謠及傳統音樂。 ・中部大地震，地方仕紳召集留日音樂家回鄉參與「震災義捐音樂會」，五十多日巡迴卅六個市街舉辦卅七場演奏會，民眾參與踴躍。 ・「泰平」唱片開始灌製台語歌。	・咱臺灣（蔡培火，林氏好） ・四季紅（李臨秋／鄧雨賢） ・滿面春風（周添旺／鄧雨賢，愛愛） ・另有「三嘆梅花」、「失業兄弟」等。
一九三六	・陳君玉、陳秋霖、蘇桐、陳水柳等成立「臺灣新東洋音樂研究會」，研究漢樂現代化。 ・廖水來在臺北開設波麗路餐廳，以唱片眾多著稱。 ・除古倫美亞發行台語唱片，重要者另有「台華」、「文聲」唱片。	・心酸酸（陳達儒／姚讚福，秀鑾） ・白牡丹（陳達儒／陳秋霖） ・雙雁影（陳達儒／蘇桐，秀鑾） ・日日春（陳達儒／蘇桐）
一九三七	・中日戰爭爆發，倭國軍國歌謠興起，古賀政男的新民謠作曲唱片大流行。 ・日東蓄音器併購太平總公司，灌錄諸多唱片。 ・「第一映畫製作所」以流行歌為主題拍攝電影「望春風」。 ・「皇民化運動」更積極推行，台語、國語歌傳唱受到強大制壓。開始流行倭國歌。	・農村曲（陳達儒／蘇桐） ・三線路（陳達儒／林綿隆）

自我實現的正反論述

1 論：自我實現的正面論述

常聽到老師勉勵學生，父母期許子女，高僧大德開示眾生，以「自我實現」一語相贈，盼斷學習者能以此爲人生努力的目標，最後能達到這個境界。到底如何才算「自我實現」？又是怎樣的境界？

追溯本源，是心理學家馬斯洛（Maslow, A.H.）根據動機理論，所提出人生五個層次的追求實現，以生理需求（如飢渴、性慾）爲最初級，再高爲安全，再是歸屬與愛，第四層是尊重，最高層次的是「自我實現」（self-actualizatian），這是人生的最高境界。並且認爲能達成這種人生目標的人極少，只有如我國　國父孫中山先生，美國林肯、羅斯福等人，才算是達到「自我實現」人生目標的人。

心理學家如是說固然有理，但如此「嚴苛」的定義自我實現，試想世間有幾位孫中山或林肯！想到這點，豈不尚未鼓舞士氣，就先洩了氣。因爲要做到像孫中山或林肯那樣的事功，根本是「不可能的任務」。事實上那樣嚴苛的定義自我實現，不僅有失本意，也不合現代社會的需求，在我們的社會中就有許多能夠達到自我實現的典範。如慈濟證嚴法師、佛光山星雲大師、天主教于斌總主教；甚至創辦伊甸殘障基金會的杏林子、口足畫家楊恩典，或是任何一位教育工作者，以其志趣，發揮所長，作育英才，都算是自我實現。因爲他們做了自己想要做的，實現了自己的願望。

台灣社會因爲「蔣經國的慈悲」，出現一個很感人的「楊恩典故事」，很多人受到感動。許多報導或廣播，就提到楊恩典的故事。她天生雙手殘疾，剛出生即被丟棄在市場，所幸六龜育幼院的收容，先總統　經國先生探視時，期勉楊恩典「還有雙腳，可以做很多事情」，激起她「天生我材必有用」的信心，她終於成爲現代國內外知名的口足畫家。這位天生殘疾的小女生是真正的「台灣奇蹟」，更是自我實現的最佳典範。我個人的半生經歷深刻感受到，人生沒有百分百完美，「盡心盡力就是贏家」，吾人期勉大家，凡事不要完全以「成功」、「失敗」的二分法來論斷輸贏，只要在過程中真正盡心盡力，即使結果不盡如人意還是「贏家」。每個人最大的對手其實是自己，只要盡心盡力，不斷學習，不斷成長，就能讓我們更深刻的領悟到，努力的過程也是一種自我實現。

台灣俚語「一樣米養百樣人」，這意思也說世上人人各有不同的背景、性向或命運，或科學家所言每個人基因不同。但在自我實現的過程中，首先要認清最大的對手「其實是自己」，所以成長和學習中要如何「發現自己、成爲自己、做你自己」，真的也是「天大的學問」。愛迪生八歲時被小學校長認定是「低能兒」，愛因斯坦讀高中時也被認定爲問題學生，但他們終於能發現自己而自我實現。想必他們的過程比結果更讓人感動。

目前國內最受年青人喜愛的作家，也是醫生的侯文詠先生，從小想當作家，後來卻從醫，他始終不太甘心，內心掙扎著想要「脫離醫界」。直到卅六歲生日那天，他深刻的感受「回到寫作的世界，我的心情和生命力慢慢浮現了出來，也找到真正安心的力量。」他和自己對話：「一個人生命中能達到最了不起的成就，無非也就是發現自己，並且勇敢的成爲自己。」現在的侯文詠已經不當醫生，誠實面對自己的靈魂，從事專業寫作，用筆來表現人生，成爲最受歡迎的名作家。

本文淺釋自我實現與大家共勉，歷史上的聖賢或偉人是我們的標竿，也是學習的對像。但並非要你成爲孫中山或愛因斯坦，畢竟歷史上只有一個孫中山，世界上也只有一個愛因斯坦。「發現自己、成爲自己、做你自己」，便是自我實現，這也是佛家所說「明心見性、見性成佛」的道理。而事實上，若能自我實現達此境界，你已超越了孫中山和愛因斯坦。

2 論：自我實現的反面論述

前面雖屬「正面」論述，但在現代的台灣社會（學術界稱移民社會，更多人叫篡竊社會，國際媒體曾稱貪婪之島或不適人居的社會。）保證八成年青輩的人說我太傳統、太八股、太落伍了！爲何？正面論述的自我實現受「手段」問題限制，只能實現一個小小的目標；更大的不利是費時太長，可能耗掉一生歲月得個小小成果。簡直是浪費生命，不能忍受！

新一代台灣人的自我實現，大大的不同，大大的突破，突破「手段」的限制，也就是爲達成所要目標，可以不擇手套・再者，把達成目標所

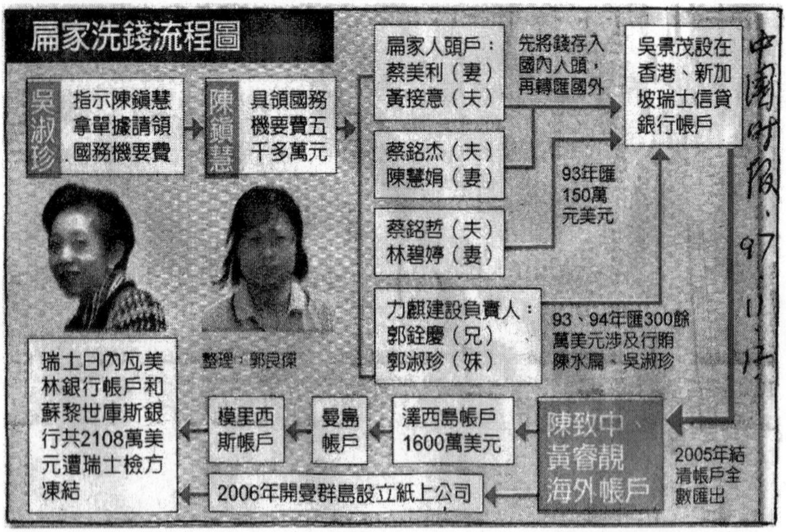

要時間縮到最短最短，最好是一夜致富，或在一個任期內能搞到幾億財產，或使出一種手段（非法或騙局），便能取得某一個大位，重大位置代表大財富來臨。

「三一九槍擊弊案」和陳水扁家族洗錢案，是改變台灣新一代思維模式的里程碑。以「三一九案」爲例，小小一個作弊手段，可以讓綠營百千上萬的人得以佔竊國家機器的某一位置，每一個位置都掌握大權，上至總統，下至每一公營事業單位，有大權有就大錢。而且在極短時間內，頂多兩個任期（約四、五年或更短），所要目標和巨大成果便「自我實現」了，何須浪費一生光陰當角色得取小利，而自我陶醉說是自我實現。台獨確實改變了台灣人的思維，也許有人反問：不怕坐牢嗎？

■傳達中
陳水扁家族盜取台灣人民的財富，並存在國外的銀行，瑞士司法當局查到的已有二千一百多萬美金，沒有查到的還不計其數，陳水扁以一國元首如此貪瀆，在中國大陸，其罪當誅，即使在美國，也至少要判個終身監禁。

前面兩個剪報大家仔細看發展，「扁罪當誅」，但有可能誅他嗎？絕不可能，大概關幾個月吧！再看吳淑珍的洗錢案，她至少洗了幾十億，台灣的法官絕不可能叫她坐牢；真坐牢，也是坐「五星級牢」，坐個幾天打發了，換得天文數字的金錢，供兒女子孫花用，他們的人生誰敢說不成功，天下有那個三級貧戶，在幾年間能累積百億家產？絕無。因此，「陳水扁模式」是台灣社會短期致富的經典，已成年青一代人人想「複製」的模式。

「陳水扁模式」也是以極短時間完成自我實現的模式，誰能說不是？仁義道德是多餘的裝飾品，禮義廉恥只是騙人的魚餌，只有奪大位、謀大利、撈大錢，搞最大一票，這才是人生目標，才是值得去實現的大目標。

長老教會一付真誠面孔，其實他們是台獨的外圍組織，獨派A到大錢，他們能不分一點嗎？對他們而言，也算完成了自我實現，真是太對不起他們的上帝了。

▲前總統陳水扁洗錢風波，台灣基督長老教會副議長林宗正（左起）、議長阿星、阿憂、總幹事張德謙和牧師高俊明發表聲明，希望扁家族誠實面對司法。（中央社）

現代青年節意義的正反論述

1論：青年節的現代意義——正面論述

近幾年來，不論是平面或電子媒體，或一般學校的刊物，已經極少見有人談起「青年節的意義」，難到青年節對我們（尤其青年們）已經「沒意義了」？難到年青人們心中只剩下K書、考試、約會和網路等？難到年青人們以爲「黃花崗之役」只是久遠以前的一場「派對」？難到年青人們心中已經失去國家民族意識？……情願不完全是這樣吧！

許多有志之士（新一代看來只是一些老骨董吧！），對現代青年失去理想性很憂心。現在的社會拜金主義當道，翻開報紙、打開電視，每天映入眼簾的不是某某科技新貴、政要買了幾億的花園豪宅，就是某某偶像藝人在巴黎、日本血拚花了數萬美金；久而久之很容易讓持卡人，尤其是年輕人產生拜金有理，揮難無罪的錯誤認知，好像不趕時髦、追名牌就落伍、就太遜了。

憂天下者，比任何人更憂心社會風氣對一般青年的負面影響。因此，希望能籍由三月青年節，重新再喚醒青年節的現代意義。雖然這只是一個微弱的呼聲，卻是對各界沉重的「籲天錄」，同時把重點放在對「現代」的反省思考，分以下四點。

第一，不能有了「現代」就丟棄「傳統」。許多人誤以爲有了現代「新價值」，就丟棄了「傳統價值」，事實上現代和傳統是連續而溶合的。甚麼是傳統價值？也許言之不盡，但不外是「忠孝仁愛信義和平禮義廉恥」等，這些傳統「祖產」可以丟掉不要嗎？我國古代政治家管仲說：「禮義廉恥，國之四維，四維不張，國乃滅亡。」道出了傳統價值的永恆性和普遍性。施明德搞「反貪倒扁」，爲何抬出一個「恥」字呢？

第二，平衡國際化和本土化。政治人物常爲私利將此二者割製，因而造成許多「思想受害者」。珠不知，只顧本土化，必自陷眼光短淺，心胸狹礙；而只顧著國際化，也容易成爲無根忘本的人。是故，吾輩青年讀書求學，正是建立正確觀念的時候，國際化和本土化務必平衡發展，才是一條利人利己並對國家有利的道路。

第三，兩岸的和解、交流、整合和統一將會來臨。兩岸問題儘管目前尚未解決，但也不可否認，兩岸的和解交流時代已經來臨，下一步便是整合和統一。畢竟全世界沒有任何國家是永久處於分裂狀態，預判未來十餘年間，兩岸必須撤底解決國家統一問題。這也表示現在的高中青年在不久的將來，有一個「大舞台」供你施展，青年朋友們，好好的準備才有上台施展的機會。搞統一，你有天大的機會；搞分裂，你永無機會。

第四，「美式民主政治」和「中國式民主政治」孰佳？事實上這在文化思想界已有定論，西方（尤其美國）民主政治因以資本主義和進化論爲核心思維，使其社會型態產生過多征服和不擇手段的競爭，國際間只剩下霸權爭奪；而經濟生活鼓勵「無限制生產和消費」，連地球都快「垮台」了。因而，世界上有遠見的思想家，轉向中國的儒家取經，把中華文化中的仁政、包容、節約等價值，溶入現代的民主政治中，成爲一種「中國式民主政治」。現在的青年朋友們！你即將看到不同於西方或美式的民主政治，你準備迎接了嗎？

本文期盼藉由青年節這個日子，重新喚醒當代青年思考青年節的現代意義。現代不能和傳統割裂，滿清時代的青年爲挽救國家危亡，拋頭顱，灑熱血；當代青年何能喪失對國家民族的關懷熱情？再者，現代也須要有「未來觀」，人生的努力才有方向感，對國家民族的關懷才能化爲實際有效的準備。

有了以上的認知，相信青年朋友們，除了K書、考試和玩樂之外，會發現許多更有意義的事，使人生更有價值、更豐富。

2 論：青年節的現代意義——反面論述

假如我或任一教授，在台灣的任一所大學教室裡，向學生們講前面那些「青年節的現代意義」，講的人自己以為那是「正面論述」，對學生有意義。

大家猜想效果或結果如何？極可能被學生轟下台，罵成老八股，就算沒這麼慘，至少一半學生閃出教室，一半也不想聽，在啃雞腿、吃便當、睡大覺、看小說……反正就是不想聽那些廢話。台灣現在那有青年節？甚麼黃花崗烈士，去問問大學生吧！他們會反問：「他們是誰？」「他們是以前的機車族嗎？」「還是以前的同志，因不被認同而跳海自殺的嗎？」

「中」於回來　▲滯美兩周的陳致中、黃睿靚夫婦，25日清晨5點回到台灣，桃園機場航警局以上百名警力隔出一條安全路線，兩人在規劃的採訪區內神色自若地受訪。（黃世麒攝）

其實現在的大學生不是不想聽老師說，是老師說的內容不對。如果老師說：「現代青年節的意義，作弊與吃飽等死是個人很好的選擇模式……」必成名師，學生奉爲粉絲，又成頭條新聞，名利雙收，大錢如泉湧來，這才是當代台灣社會青年想要的。

當代台灣一般大學生除喜歡作弊、吃飯、等死外，還有「一夜致富」或短期致富也是首選。看下面這張剪報，陳致中、黃睿靚走路多麼有自信心，抬頭挺胸，大步向前走，走到任何地方都是萬人空巷，爭相羨慕。爲甚麼？

那道理太簡單不過了，他倆年紀輕輕，沒工作（是不用工作），但幾乎在極短間，他們獲利可能上看百億，足可叫百代子孫享福。而且他們只要用些手段，台灣法律對他倆根本無可奈何！這對台灣社會所有的人鼓舞太大了，只要敢幹一票，贏的機會幾乎有九成九。坐牢的機會可能不到一成，就算有罪也能易科罰金，也沒關係啦！A走一億罰百萬，還是大大有賺。就算真要關人，大概坐幾天牢（有大錢大勢者坐五星級牢），又出來了，享受人生啊！這種獲利模式是現在台灣的社會風氣，而此種「典範」創製者來自兩個系統，台獨陣營是創造者，陳水扁家族是製造者。

只有極少數的人會思考，那不是洗錢、作弊、欺騙嗎？那不是違反道德原則嗎？青年節要向年輕人談的是禮義廉恥四維八德、中華文化等等。這些極極極少數的人都和筆者一樣，太老八股了，價值觀也太老舊了。不知道台灣社會已成「篡竊社會」，已「去仁義化」「去道德化」「去廉恥化」，他們不談青年節，沒有青年節了。

再看下面這張院長交接簡報，正好有一成語說，「竊國者無罪、竊鈎者死刑」。竊取大位，用權力幹洗錢欺騙等，不僅無罪，且盡享榮華富貴，人人羨慕；而那貧困的流浪漢不過在廢工地偷了幾支鐵鈎子，賣錢吃飯，被判偷竊大罪，然後在獄中不明不白的死了。

▲考試院1日聯合交接典禮，前院長姚嘉文將印信交接給新任代理院長伍錦霖。圖為伍錦霖（中右）為姚嘉文（中左）送行。（鄭履中攝）

洪蘭教授批評台灣的大學生上課遲到早退、睡覺、啃雞腿；林火旺教授批「吃飽等死」，立刻引起排山倒海的反對聲浪，聲稱「吃飽等死有甚麼不好」「作弊是小事一件何必大驚小怪」。洪蘭、林火旺的「正義之聲」，很快被台灣社會的「墮落之聲」淹沒。

是啊！「作弊是小事一件何必大驚小怪？」，那「三一九弊案」是多麼大的作弊，眾目之下做大弊，自導自演戲，都能「合法」過關，當八年大頭目，並利用權力搞走幾百億，加上成千上萬幫眾，搞走的黑錢至少幾千億。與此相較，學生作弊有啥了不起？何必大驚小怪，還拿青年節來說教，說青年應如何如何！根本是廢話兼放屁！

台灣社會為何會質變、變質？變成一種人人都想篡竊偷盜的社會，大學生以「作弊吃飽等死」為常態，以一夜致富、搞大錢為志向，不論洗錢賺錢，也不論黑錢白錢，有錢就好？

這一切的禍首在那裡？就是台獨思想。台灣社會若想回復正常社會，台獨思想要完全清洗掉，那時青年節才會有意義。

▲聯合國大會開議前，台灣加入聯合國大聯盟理事長陳隆志（左3）、台灣聯合國協進會秘書長羅榮光（左4）等人，13日領軍在紐約街頭遊行，力促台灣入聯。（圖文：中央社）

洗錢政權：陳水扁僞政權

中國歷史上任何型態政權都有，就是沒有「洗錢政權」，所以陳水扁也算「破紀錄」了，他首創第一個「台灣洗錢政權」，但他也是一個「僞政權」，一個「漢奸政權」。

同是被稱「僞政權」「漢奸政權」的汪精衛，他不洗錢（搞些小錢，沒陳水扁多），但他至少民間流傳說「蔣介石救國、汪精衛救民」，至少留此「美名」在人間。爲何說汪僞政權也會救民？據說（尚未查證）漢倭奴王國威脅他，若他不主持僞政權配合日軍侵華事宜，要殺掉更多中國人，他只好接受。

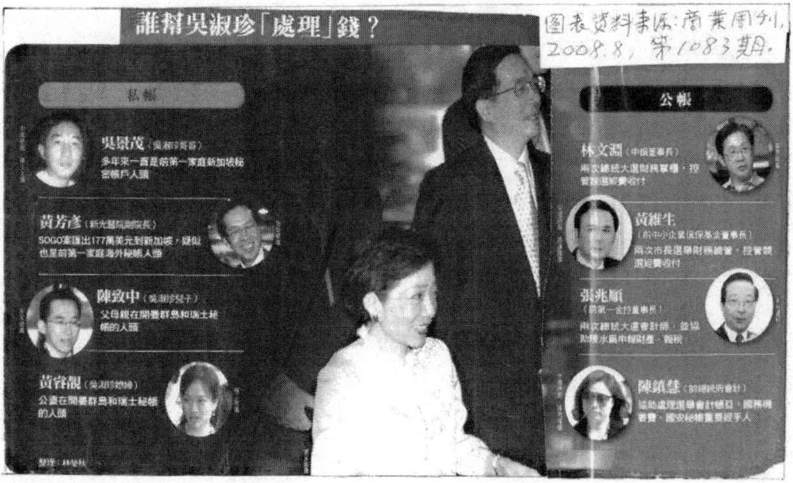

陳水扁的僞政權不僅是漢奸本質，還是一個實在的洗錢政權，更下流的，他不如汪僞可以「救民」，而是「害民」，如何害民？除他的家族洗錢，還使國民所得降低很多。公元二千年國民黨在位時，台灣的人均所得是一萬二千美元；二〇〇八年洗錢政權結束，人均所得降到九千美元，等於是獨派惡搞八年使台灣大倒退，貪污腐敗速度超過國民黨五十年，也算是民主「進步」黨了。

但本文要講的是洗錢政權怎樣洗錢？我要講的有根有據，所有附上媒體報導資料。若有獨派看到本文，也好心服口服，非筆者胡說，大家都如此認定的。

小公務員A一點小錢，只須一人爲之，但幹大票的，須要有「組織」、有編組、區分職掌、有專業能力。第一張圖表是「洗錢編組表」，分

扁說謊紀錄 資料來源：《蘋果》資料室

2006/11/10 國務費案

扁—沒有A錢

陳水扁在國務機要費偵結報告提出後強調，絕對沒有「歪哥」公家的錢。

結果 檢察官起訴書中認定陳水扁、吳淑珍貪污1480萬元，但錢的流向扁未說明。

2006/11/03 國務費案

扁—全用在秘密外交

扁在8月7日首遭陳瑞仁檢察官偵訊時，說國務機要費全都用於秘密外交。

結果 檢方在起訴書中，雖認定有部分秘密外交動用到國務機要費來核銷，但也有部分說法被認定是說謊。

2006/09/04 SOGO禮券案

扁—有收就下台

扁在4月13日宣示，如第一家庭有收受李恆隆等人所贈送的SOGO禮券，願辭職下台負責。

結果 扁在出訪帛琉時的記者會中表示，第一家庭持用的SOGO禮券除自行購買外，有部分是黃芳彥送給陳幸妤生產滿月的禮物，以及過年給孩子、孫子的紅包，後來才知道黃芳彥的禮券來自李恆隆的姊姊，因為她是黃芳彥的病人。

▲SOGO禮券

蘋果日報 2008.8.15.

▲陳水扁在國務機要費、陳由豪政治獻金等案，多次出現說謊行為。 資料照片

2006/06/23 陳由豪政治獻金案

扁—我太太沒見過陳

陳由豪在2004年指扁夫婦接受其政治獻金，扁在2006年6月20日說不論是公的場合或私的場合，他太太從來沒有和陳由豪見面。

結果 陳由豪指吳淑珍在接受其政治獻金後，也接獲扁的電話道謝，不但吳說謊，扁明明知情也說謊；他並提出沈富雄為人證。

■陳由豪在美公布2000年總統大選期間曾給扁政治獻金。 資料照片

瓜國前總統洗錢 美欲引渡審判

【本報綜合外電報導】美國聯邦檢察官二十五日指控在逃的前瓜地馬拉總統波蒂佑，把在職時侵吞的數以百萬美元計的公款進行洗錢，包括台灣提供的一百五十萬美元捐款。紐約一個大陪審團已把他起訴，如果罪名確立，最高可判二十年徒刑，罰款五十萬美元或課以洗錢價值兩倍的罰金。

美國當局要求把五十八歲的波蒂佑引渡到美國受審，但瓜地馬拉警方二十四日表示，他們搜索了波蒂佑在瓜地馬拉市的兩個住所，以及他的出生地東部大城札卡巴，但未發現他的蹤影。

二〇〇〇年至二〇〇四年擔任總統的波蒂佑，侵吞了數以百萬美元計的巨額公款，並把部分侵吞款利用在美國和歐洲等地的銀行洗錢。

波蒂佑利用各種國際銀行帳戶洗錢，包括佛羅里達州、列支敦斯登、倫敦、盧森堡、巴黎與瑞士。波蒂佑的政府後來在國內被控貪腐，他失去免於被控的豁免權後即於二〇〇五年逃到墨西哥。二〇〇八年十月，他自墨西哥被引渡回國，等候侵吞公款審判。

私帳和公帳兩部份，負責人必須是親人或死黨（走狗也行），私帳有三個「操盤手」，分別是吳景茂負責新加坡密帳人頭，黃芳彥負責So Go案（後有其他），黃睿靚負責開曼群島和瑞士密帳人頭。

公帳有四個「操盤手」，分別是林文淵掌控競選經費，黃維生負責市長選舉財務，張兆順協助申報財產，陳鎮慧負責國務機要費、國安秘帳等，都是以合法掩護非法，再利用名目把錢轉到各外國的人頭。當然，那些是「領導」級的，其下必有更多「專家」啦！

當然大筆大筆又一大筆的錢跑掉了，跑掉國外，總會有風聲、有蛛絲吧！紙包不住火的。這時須要大頭目向人民解釋，說是國民黨抹黑，是媒體亂報，立下「重誓」，取信於民。第二張「扁說謊紀錄」，「沒有A錢」「全用在秘密外交」「有收就下台」「我太太沒見過陳」。其實還有很多，他在位八年，都在欺騙人民，他一生唯一的真話，是下台前向人民說「台獨是不可能的」。

果然，大頭目立了「重誓」，說有A錢就下台，很多人（綠營吧）都相信，人民真好騙。至今（二〇一〇年春），很多綠色人馬仍相信阿扁沒A錢，可是阿扁已承認A錢了，而且很多億，那些人要去跳海嗎？或轉而支持統派，相信也不會。因爲我在前文講過，台灣社會質變成一種「篡竊社會」，很多視偷盜洗錢爲常態，以爲撈一票走人有何不可，這種心態以綠營獨派最多，年青人受到極大污染，社會爲之變質。

但「洗錢政權」如同中國歷史上的分裂政權、地方割據政權、僞政權等等，其存在是暫時的，最多數十年，少則幾年，有的可憐只有幾天（如台灣民主國），更可憐的只是一個殖民地。當這些政權都結束了，那個質變、變質的「異形社會」「篡竊社會」，須要在大歷史中，經過很久用孔孟思想、用中華文化加以清洗、清洗、清洗……要洗很久……可見台獨思想之危害能好幾代人，甚至十代人。

真的要洗很久，因爲要清洗一個受台獨污染的篡竊社會，變成一個有中華文化真善美的社會，我估計至少要四十年。不可能如洗錢那麼快，大規模洗錢（如陳水扁家族、如義大利黑手黨）要從長計議，但也頂多幾個月或幾年。以陳水扁的洗錢政權爲例，是他的後四年，前四年可能在佈局、學習或培養「洗錢手」吧！畢竟那要很多專業的配合。

當我寫本文時，媒體報導瓜地馬拉前總統波蒂佑也洗錢，看前面的剪報資料，他先在外國開洗錢帳戶，包括佛羅里達州、列支敦斯登、倫敦、盧森堡、巴黎、瑞士。那些地方你是否感到很熟？不錯，阿扁洗錢也在那些地方，在瑞士不就有七億新台幣嗎？啊！七億（後來阿珍承認是十二億），公務員要存幾世代才能存到七億，現在他家族只要一點小手段，七億便到手，怎不叫任何台灣人羨慕？尤其扁的粉絲，想必更羨慕，但絕分不到一文錢吧！要去跳海嗎？

歷史爲甚麼會出現「洗錢政權」？說來也怪「中國」？爲何？若中國在清末的甲午戰爭不割讓台灣，台灣不會成殖民地，台獨思想便不可能誕生，台灣從一八八五年清廷設「台灣省」，此後若一直是中國一個正常的省份，那裡會有台獨這種「異形」出現。就算一九四九年國民黨退到台灣，也只是形成「中華民國」和「中華人民共和國」之爭，絕不會有「台獨」這種歷史怪物。但歷史是那樣走的，所以台獨也算是歷史的產物，只是一種「異形」吧！

即是一種異形，一種歷史怪物，如何能指望「台獨政權」是正常的？如何能指望爲民服務？如何能指望長治久安？如何能指望清廉施政？如何能指望？

都不能，那麼，其腐敗很當然的，其洗錢也是想當然的，因其「暫時性」，不能久存，有權力的人，拿到大位的人，當然也就是撈一票快快走人。

不過，幸好，洗錢政權也好，僞政權也罷！都是暫時的，表示有個結束。至少人民苦難有個結束，而且下台後洗錢也沒機會，不會把台灣錢洗光光，希望馬政府能把那些扁家洗的錢，全都追回來，還給台灣人民。

只是，可憐這個變質的社會，這個篡竊社會，國際上曾稱「貪婪之島」「不適人居」

的社會，要用中國五千年深厚的文化之水清洗，要洗多少年？

洗十年、二十年、三十年……何時讓台灣社會散發中華文化之美？要大家努力，也警惕，台灣永遠不要再出現「僞政權」「洗錢政權」。

台灣就是「中國台灣省」，這裡才是原點，才是根。有懷疑者，去查自己的祖宗八代吧！

陳水扁台獨政權的另一面向

——現代外戚宦官太監後宮之禍

韓非子在「亡徵」篇中，論述四十七種會導至亡國的徵候，檢驗古今中外國家、政權之亡，「準確度」，幾乎百分百，無出韓非子所言範圍之外。就以陳水扁台獨僞政權的另一面向，現代外戚宦官太監後宮之禍，來進行檢驗，也是神準。略引數項於後：

喜淫而不周於法，好辯說而不求其用，濫於文麗而不顧其功者，可亡也。

婢妾之言聽，愛玩之智用，內外悲惋，而數行不法者，可亡也。

君不肖而側室賢，太子輕而庶子伉，官吏弱而人民桀，如此則國躁，國躁者可亡也。

后妻淫亂，主母畜穢，外內混通，男女無別，是謂兩主，兩主者可亡也。

父兄大臣，祿秩過功，章服侵等，宮室供養太侈，而人主弗禁，則臣心無窮，臣心無窮者，可亡也。

韓非子詮釋其意，亡徵者非曰必亡，言其可亡也。夫兩堯不能相王，兩桀不能相亡，亡王之機，必其治亂，其強弱相踦者也。木之折也必通蠹，牆之壞也必通隙，然木雖蠹無疾風不折，牆雖隙無大雨不壞。萬乘之主，有能服術行法，以爲亡徵之君「風雨」者，其兼天下不難矣。

韓子雖言亡徵非曰必亡，但吾人檢驗陳水扁僞政權，其「亡徵」實在太多，故實必亡。雖然大家以爲現在這「廿一世紀」，怎可能有「外戚宦官太監後宮之禍」，但事實在眼前，依然有「現代版」的演出。看這篇剪報社論，在想想吳淑珍、趙建銘及其父趙玉柱、陳氏兒女們及阿扁身邊寵臣，不正是韓子言「后妻淫亂、主母畜穢」「君不肖、人民桀（基本教義派）」「喜淫、好辯、濫於文麗等，真是現代版的外戚宦官之禍。

在人類歷史上，古今中外類似這種后妻淫亂、外戚太監之亂政史，可能裝滿幾個圖書館，可以肯定的，台灣獨派這段淫亂史，必使中外政壇的淫亂史失色。單就中國史一小部份，也能在許多篇章中與其他淫亂史，比淫比亂比濫比姦，都佔了「重要」一席之地。

社論

外戚宦官之禍要從制度面防阻

人間福報，民95.5.31

中國歷朝衰亡，幾乎逃不出某些共同的宿命：一是外戚干政，一是宦官亂朝。民進黨執政六年，似乎也未能克服這個歷史的循環，令人嘆息！

外戚干政的特色，是先有一個主上的至親，貪財好權，然後一批小人簇擁左右，如蠅附羶，形成一個特權的網絡，上下其手，營私謀利，不顧法紀，最後自然不免由縱容外戚的主子承擔後果與責任。

陳水扁總統女婿趙建銘之敢於關說人事，打探股市秘情，介入醫院藥品採購，甚至父以子貴，趙建銘父親趙玉柱竟能身兼數家公司顧問，月入數十萬元，且縱橫於南部教育界，左右校長人選。何以致之？從六年來零零碎碎的新聞拼湊起來，趙建銘的丈母娘喜歡對政事參一角，應是無可懷疑的共識。如果丈母娘能嚴守官邸戒律，絕不過問政事，怎會有子女敢在外面招搖撞騙，私打電話，儼然另一個小朝廷？

今日總統府當然已沒有宦官，但貼身近臣卻彷彿有著宦官的影子。古今凡為主上者，為了行使權力的方便，為了繞過法定體制羈絆，多喜在體制外找尋缺口，得以便宜行事，於是貼身近臣從侍寵而驕，進而玩法弄權，最後則一手遮天，為己謀利。

孫子兵法說：「將者，國之輔也」，又說：「國家安危之主也」。可見輔佐重臣繫國家之興亡，而主子棄重臣而親寵臣，這就是諸葛亮所說「遠賢臣、親小人，此後漢之所以傾頹也」。物必自腐而後蟲生，蒼蠅不會叮在清潔的物體上，及至樑柱腐朽遭蛀蟲掏空，也就是大廈將傾之日到了。

在先進的民主國家，當然也不乏外戚、宦官之禍，但他們的民主機制中藏有幾種極具效果的防腐劑，其一是完備的文官制度；其二是獨立無私的司法體制與周延的法律；其三是公正而不偏不倚的輿論。此三者鼎足而立，才能構成一面嚴密的防弊網，使外戚與宦官雖能獲得主上的寵信，但不致使事情弄得不可收拾，禍延上主。

台灣政治先天不足，最大的缺失在於文官體制不健全。政務官權力太大，既插手事務官的管轄範圍，又可任意調動事務官，事務官失去依法行政獨立精神。事務官要仰政務官的鼻息行事，則「依法行政」便成具文，事務官隨時要曲承上意，如此才能保住官位，此時政務官就不只是政策的制訂者，而變成了「一把抓」的獨裁者了。總統女婿可自由進出國營或官股主宰的金融機構，呼風喚雨，左右人事，這在文官體制健全的國家，實為天方夜譚。

台灣走到這一步，痛定思痛，無論藍綠，均應從制度面去思考防弊之道，而惡聲謾罵黨同伐異，不是解決問題之道。趙建銘案件應視為不健全制度下的必然產物，對他個人，我們可以哀矜勿喜的心情去看待，尤不有看熱鬧、看笑話的態度，如不能根救起，則未來不論是誰執政，還有第二件或第三件駙馬事件，可不乎？

誰說現代沒有宦官、太監？誰說現代沒有後宮、外戚亂政？陳水扁偽政權這八年滿朝盡是……司馬千春秋之筆批註於二〇〇八年言間。

談到宦官太監之禍，吾國歷史上以明代爲最，阿扁的「宦官太監」群，其姦惡無道和帶給人民的苦難，尤其用非法手段貪污的錢財，導至動搖國本，約等同於「東廠」。而二者都造成政權瓦解，改朝換代，就算不和明代東廠比，與唐代結束前的宦官劉季述、韓全誨相比，阿扁身邊如邱義仁、馬永成，其淫亂腐敗，還是「齊鼓相當」。

談到扁妻吳淑珍，其淫亂專橫與不知人民疾苦，跋扈和斂財的本事，幾使阿扁成爲一具木偶，國家之人事錢財由她一人在幕後操控，古今中外「后」級女人中，無可比擬，她真是「空前絕後」。但就生活奢華浪費和不知人民疾苦，倒與法國大革命被推翻的路易十六皇后，瑪莉安托尼內特（Maria Antonia Josefa Johanna Von Habsburg-Lothringen, 1755-1793）很類似。因爲當人民失業窮困，沒有麵包吃時，瑪莉不僅奢華生活照過，且變本加厲索聚民財，然後說：「沒有麵包吃。爲甚麼不吃牛排？」

而類似的話，吳淑珍也說過，她利用「陳水扁時代這八年，大事聚財，大概想升官發財的人都要送錢給牠，否則可能升官無望，生意也做不下去。難免有人心不干情不願，阿珍說：「錢不送來，我叫推土機壓下去！」天啊！如此的「黑心肝第一夫人」，「推土機」是甚麼？不外是她掌控的情治系統或國安單位吧！宦官太監的一批惡姦走狗。

說到陳水扁時代那八年的台灣社會，就像中國每一個要結束的朝代末年，如漢末、隋末或晚唐；或宋、元、明、清之晚葉，說不完的昏亂。在「隋書」上有幾段話，描寫大業末年的政局社會：

政刑弛紊，賄貨公行……茫茫九土，並為麋鹿之場，慄慄黔黎，俱充蛇豕之餌……土崩魚爛，貫盈惡稔……終然不悟。

陳水扁之亂政如大唐僖宗等昏君，終使大唐帝國崩亡；性格之無常狂暴又似隋煬帝，以消耗國力爲能事，爲短命的隋朝快速了結。阿扁則快速爲夢幻王國台獨，用一支銳利的針「剉破」，告訴人民「台獨是玩假的，貪錢洗錢才是真的。

再看更廣的範圍，看全台灣好了，自從台獨思想在島內激化，全台灣嚴然唐末藩鎮割據局面。在中國未統一之前，「藍綠割據」局面絕不可能善了，人心如此，人性亦如此。所以，統一還真是治好台灣內部割據及人民對峙的唯一藥方，說奇也不奇，中國歷史的必然嘛！

第三輯　春秋行腳：天涯海角・道都仙山

2008年元月，在海南省興隆熱帶植物園

天涯海角海南省之旅

機緣

不常出門的我，碰到一個良緣，讓我有機會到這個我國古稱「天涯海角」的地方一探究竟。古人視如畏途，蘇東坡就曾被貶官到海南，今天成了世界有名的觀光勝地，這是一個怎樣的地方？有甚麼魅力？我更想知道，那裡不是我們不久前常說的「匪區」嗎？現在爲甚麼吸引著我們？

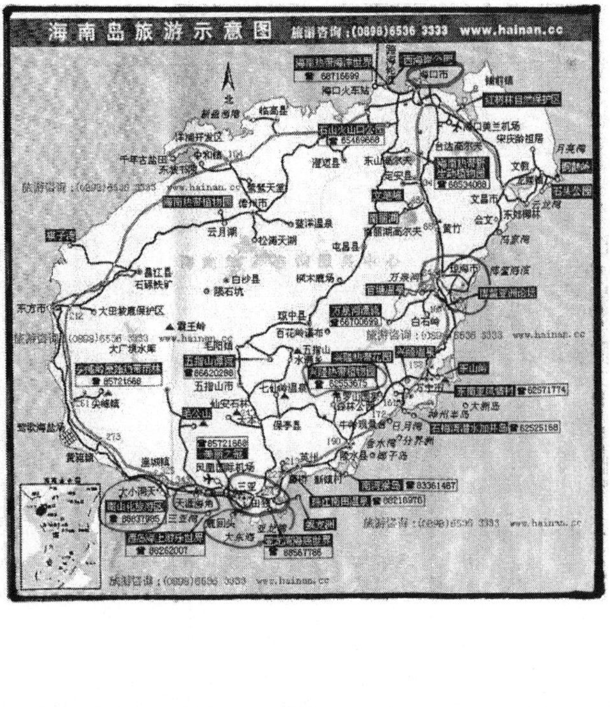

興奮的心情飛向海南島（第一天）

對我們而言，這是一個即熟悉又陌生的地方。熟悉的是大家都知道海南島是我國的特別行政區（今已建省），陌生的是大家從未到過這個「天涯海角」（註：天涯海角是海南島最南端的一個城鎮）。海南省面積約三萬四千平方公里（我國第二大島、第一大島是台灣），人口約八百多萬，簡稱「瓊」。根據世界旅遊組織和海南省政府的總體規劃，海南將建設成爲世界第一流的國際性海島度假勝地，最佳的生態長壽島（瓊島人均壽命已是全國最長）。這是多麼叫人興奮的吸引力。

二〇〇八年元月廿四日早晨才四點多，大地仍在漆黑中沉睡，再興校園已開始熱鬧。一百多人帶著行李，歡悅而有序的上了四部大遊覽車，幼稚園教職員和眷屬們安排在第三車，晨六點多到桃園機場，七點四十的飛機約兩小時到香港機場，利用等機時間大家到處逛，都驚訝於香港的繁榮。中午的飛機也是一個多小時就到海口市，再乘專車到溫泉鄉興隆已是下午六點。

一到興隆，立即感受到南海風光魅力，空氣中有淡淡的清香，微風輕拂，沐浴著每個人的身心靈，讓人神清氣爽，通體舒暢。當然，經一天旅途，大家最想解決民生問題，這是一座「康樂園高爾夫度假村」，晚餐我們在戶外泳池畔享用ＢＢＱ自助餐，而視力所及的景觀，是椰影在溫柔的燈光下舞動，泳池裡也有幾隻「美人魚」在悠游。

吃飽喝足玩累了，人想做甚麼？別想歪了，當然是有情男女各自回酒店睡覺，一夜好夢到天亮。

海南興隆熱帶植物園

園中珍稀植物「鐵西瓜」，狀似西瓜，長在大樹上，不能食用

↑康樂溫泉會館

興隆熱帶雨林植物園、鹿回頭公園、美麗之冠和大東海（第二天）

享用豐盛早餐後，我們前往興隆熱帶雨林植物園，看到未曾見過的熱帶珍奇植物，如「見血封喉」（有劇毒）、「鐵西瓜」（長在大樹上，狀似西瓜，不能食。）等，有人說光看這兩種植物便不虛此行。在園裡也品嚐了特產，如香草蘭苦丁茶、興隆咖啡、椰子產品等，大包小包的買當然是要的。

植物園的下一站是素有「東方夏威夷」的三亞市，午後先到鹿回頭公園（在三亞灣），三面臨海的半島，狀似一隻山鹿站在海邊回頭觀望，述說著一個美麗動人的愛情故事。相傳古時候五指山有一隻鹿，被一位黎族青年獵人追逐至此，面臨絕境，回頭化成美麗黎族少女，與青年獵人結成夫妻，從此繁衍生息。半山腰的八個大字「天涯無盡情聚首、山海傳奇鹿回頭」，正是這浪漫的寫照，大夥們在這裡遠觀南海（再遠是西沙群島）、聽潮、喝耶子水，並用相機到處獵景。

旅遊少不了購物，水晶、絲綢、珍珠是這裡的特產。短暫購物後，沿著三亞椰林海灣觀景，約二十公里的椰林海灣正是大東海風景區（祝福話的福如「東海」正指這裡）。潔白沙灘邊一排排椰樹擎著巨型綠傘給海灘遮陽，這裡四季如春，常年朝霞撒玉，麗日

←↑大東海一景

鋪銀，夕照流金。

第二天下午行程也經過「美麗之冠」，她是三亞市地標性建築，狀如一朵巨型花冠呈現在萬綠叢中。這正是世界僅有連續三年（二〇〇三—〇五年），舉行世界小姐總決賽會場的「美麗之冠文化中心」，飄逸靈動和唯美的設計感，讓人感受世界級美女的氣息，就像這南海風景的迷人處，難怪這裡也吸引大批各國觀光客。

晚上進住酒店用餐後，兵分三路去享受三亞市的夜生活，分別是按摩、魚寮和看秀表演，另有第四路是在酒店中和菲律賓樂手唱歌跳舞，也是 High 翻天，直到很晚、很晚……大家還帶著「詩情酒意未闌珊」的心情，進入「椰夢長廊」。

南山寺、愛心大世界、珍珠科學館、南海沙灘戲水（第三天）

第三天的行程中最有代表性，最經典的是南山寺，其次是海南沙灘椰林風光景色，略述這兩個景點。

我國祝福語「壽比南山」，其南山便在此地，地理位置在天涯海角附近，約三亞以西十餘公里處。南山在中國歷史上向來是長壽之地，目前南山寺九十五歲以上也有八百多人。南山向來也被佛家稱福緣寶地，唐朝時高僧鑒真法師第五次東度倭國弘揚佛法，途中遇險，漂流到海南南山，在此弘法佈道一年半之久，倭國第一位遣唐僧人空海和尚也曾到此，已故佛教協會會長趙朴初在南山寺題字「海天叢林」，可見南山亦為佛教聖地。

日前南山寺已是東南亞最大佛寺，重要勝景有仁王門、觀海平台、兜率內院、大雄寶殿、一〇八米高的海上觀音。寺內有一株「南山不老松」（二千五百多歲，約和孔子同齡。）前國家主席江澤民在樹下有題字，不老松雖二千多高齡，但看來仍青綠年青。此外，長壽谷、不二法門、石刻心經、天下第一硯、金玉觀世音都是勝景，都有淨洗身心靈的感受。

南山寺與週邊的海邊沙灘、椰林、酒店勝景，地方政府整合成一個「三亞南山文化旅遊區」，是國家級五Ａ景區，也是中國十大休閒度假別墅群區之一，真是「梵天淨土、壽比南山」。

在這裡的海灘戲水、觀潮看浪、海灘散步，令人心曠神怡，尤其沙質細柔、乾淨，完全不用擔心腳踩到玻璃、釘子或各種垃圾，難怪這裡的沙灘被譽為全世界最美麗的沙灘。

曾有一個笑話形容台灣旅行團，「上車睡覺、下車尿尿、到站買藥」，可能只是笑話。我們幼稚園教職員和眷屬們完全不同風格，可謂「上車說笑、下車尋寶、晚上看妖、都是好料」。所以，高水準的旅遊，是有水平的人創成的，這次幼稚園有那些人呢?阿史主任、雪如、亞迎、阿旺、柯吔、中玉、玉芝、阿賢、阿釵、興家、素蘭、大華、阿芳、小華、阿潘、福成、阿莫、隊長蘇吔、秀蘭、百鴻、俐齡、李媽媽、妙妙、冠冠、怡君。

這些人個個都是「好料」，也有「會叫的野獸」，她們雖在外遊玩，卻也心掛著學校的功課。有幾個晚上，在阿史主任的房間內，老師們討論著下學期的課程評量，如何迎接新的挑戰等，可見大家真是「情牽再興」啊！

南山寺南海觀音

在博鰲禪寺門口

南山苑

在海上觀音

天涯海角一景

亞龍天下第一灣、博鰲水城、玉帶灘、博鰲禪寺、感動的晚餐（第四天）

第四天的行程豐富中加上感動，因爲據說董事長張先生今晚要來與夥伴們共嚐「海南四大名菜」，當然董事長意在與大家同樂。

早餐後開始北行，首站是亞龍灣貝殼館。展品分世界五大海域有代表性的貝殼，數量之多雖以形容，珍奇者如天使翼海鷗蛤、澳洲海扇蛤、活化石紅翁螺和鸚鵡螺等。而館外的亞龍灣則號稱「天下第一灣」，這裡的沙灘、椰林堪稱天下一絕，也是大家獵取美景的地方。

午餐後前往博鰲水城，這裡也是博鰲亞洲論壇的永久會址，於二〇〇三年九月廿二日正式啓用，其重要性在於歷史價值。附近的「玉帶灘」是較奇異的地方，乘船約五分鐘到達，外表看只是海岸沙灘，沒啥看頭。但窺其深層內涵也是不得了的，原來這塊沙灘被上海大世界吉尼斯總部以分隔海、河最狹窄的沙灘半島，列入吉尼斯之最。沙灘如白玉之帶橫臥在萬泉河和南海間，南北長約二公里，東西最寬約三百公尺，最窄僅十公尺，成爲全世界分隔海、河最狹窄的沙灘半島。向外是南海煙波浩淼，一望無際；向內是萬泉河，沙美內海的湖光山色，中間是白玉般的沙灘，共構成一幅天成景觀，難怪遊客如織。

大約下午三時，我們到了博鰲禪寺，是一座正統的禪宗寺廟，主要供奉佛陀和觀世音，與週邊蓮花園也構成一個「博鰲東方文化苑」。顯示佛教成爲中國的國教，有其深厚的文化意涵，並已成爲一種「人民的生活方式」。

晚餐在海口愛晚亭是感動的時刻，董事長張先生與大家共餐，老師們情緒夠 High 了。海南四大名菜（文昌雞、加積鴨、東山羊、和樂蟹），還有各種海鮮，真是贊不絕口，恨不得搬一桌回台北。

玉帶灘

瓊台書院

博鰲禪寺

瓊台書院、海口、香港、台北、歸程（第五天）

好日子總是過的很快，大家都驚呼，怎麼一下過了五天，今天在海南的最後一個景點是瓊台書院，建於清朝康熙四十年（一七〇五年），相傳後人爲紀念明朝大學士丘濬而建造。由於丘濬號瓊台，人稱瓊台先生，書院由此得名，現爲瓊台師範學校的校址，院內庭院森森，中庭立有兩座立姿銅像，分別是掌教進士謝寶和探花張岳崧，都是清代海南德高望重的知識份子。

午餐是愛晚亭的湖南菜，餐後懷著依依不捨的心情前往海南機場。等機時間大家搶著和藍事長合照，此刻董事長成了最佳男主角。在車上，小華再次高唱「福如東海長流水、壽比南山不老松」，能有此行，真是天大福緣。臨別海南地陪小姐以感性語調送大家三個字「緣圓源」，相約來日再相見。

香港轉機時，大家再利用時間採購年貨所需等，晚上六點多的飛機到台北已是八點，回到學校已是不算太晚的九點多。各自奔向溫暖的窩，心中仍有興奮的餘味，盤算著明天的任務要怎樣開展！旅程的結束，是另一新旅程開始，幼稚園的老師們在史主任的率領下，已經「磨刀霍霍」，準備打一場漂亮的仗。

江西三清山龍虎山紀行：

神州道都仙山桃源古村詩旅

自台北市青溪新文藝學會理事長林靜助先生，於今（二〇〇八）年六月廿二日假錦華樓，主持「推展華人文化交流暨落實做法座談後，含本人在內的與會作家，訂下積極推動兩岸文化交流及文藝創作者互訪研討的共識方針。並逐年選訂齊魯、荊楚、吳越、巴蜀、陝秦、三晉、閩台與華僑文化等區塊，兩岸文藝作家暫以小說、詩歌、散文、戲劇、攝影、繪畫、評論等類別，進行最深層民族文化交流與互訪。

在林理事長積極推動和號召，社長孫健吾先生及各編委社委支持，我身爲本會副社長兼文化評論主編，自當努力配合，達成目標。終於促成本年八月十五日到廿一日的江西三清山龍虎山之旅，並與九江市作家協會舉行「海峽兩岸文藝家文化交流座談會」，本會成員亦在會中發表七篇相關論文（見青溪論壇第三期）。

此行成員有理事長林靜助、社委林精一、祕書長蔡雪娥、出版家彭正雄、葡萄園詩刊社長金筑、主編台客，林家詩刊社長林宗源、書畫家邱琳生、高雄文藝協會理事長鍾順文、瑞芳輔導中心主任賴世南，文化界羅玉葉、羅清標、吳元俊、蔡麗華、林智誠及筆者計十六人。

江南三清山龍虎山之行，除與九江文協的文學交流外，全程可謂「神州道都仙山桃源古村詩旅」，僅將感人的詩旅要紀於後，以饗嚮往而未之者，並爲此行每個人留下一生最美麗的回憶。

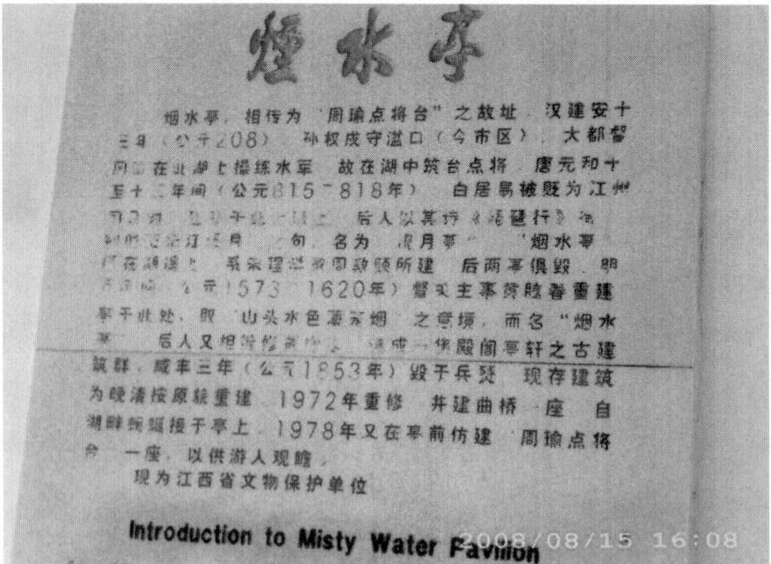

煙水亭碑

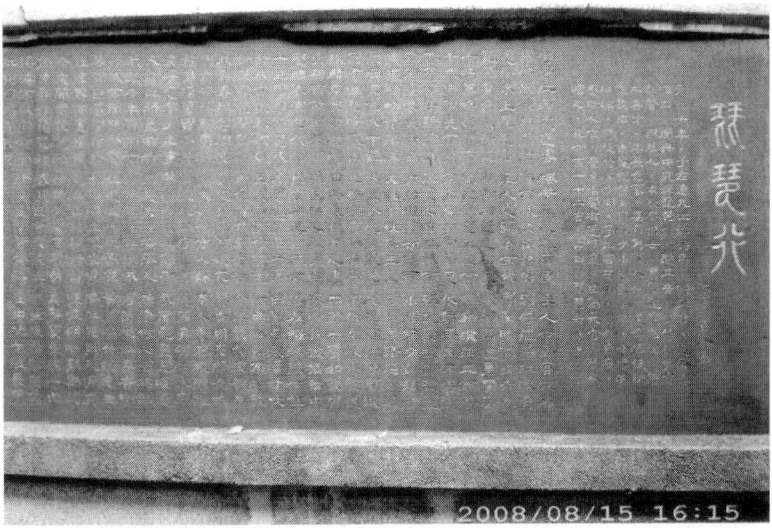

白居易「琪琶行」碑（在煙水亭內），詩人在此創作琪琶行，成千古名作

此行青溪論壇與九江文聯的交流

首日九江：潯陽江頭白居易、赤壁之戰話周瑜

早晨五點，一群興奮的人已在中正紀念堂「大中至正」門集合完畢，點名「沒有少一頭」即一路狂飆（西金A）到中正機場，八點飛機起飛，很快到香港。轉十一點二十的飛機到江西南昌，十二點五十到昌北機場，隨即有九江文協的專車來接，沿昌九高速公路，下午四點就到了九江，說來並不遠。

這將近一天的路程，車上、機上有說有笑，但最大的笑話竟然是「昨天台灣一顆原子彈爆炸」（指阿扁記者會承認……）這且按下不表。一行人一到九江，並未先到酒店吹冷氣，而是急著到煙水亭拜訪二個大人物，一是三國周瑜，另一是唐代大詩人白居易。

九江（古稱潯陽江、江州、柴桑等），位於江西省北端，長江南岸，是長江和鄱陽湖水運相接的要衝。市中心有甘棠湖，湖中有煙水亭，是北宋哲學家周敦頤之子所建。遙想當年，東漢末葉，群雄並起，曹操為一代奸雄，敗袁紹、袁術、呂布後，挾天子以令天下。建安十三年（西元二〇八）七月，曹操率百萬大軍南征，孔明促成「孫劉同盟」迎戰曹軍，周瑜在柴桑訓練水師，柴桑是現在的九江市，煙水亭相傳是「周瑜點將台」故址，現在立有「煙水亭」石碑，亭中設「周瑜史迹陳列館」。

我們這些「台胞」初到，看甚麼都新鮮，相機閃不停，大家都想看清心中的「根」真相怎樣！我仔細讀著「煙水亭」碑文，想到才看不久的電影「赤壁」，想到女主角林志玲，她在中國打拼，她父親在台灣挺貪挺扁。此種情節，如鄭成功的父親成爲「降將」，兒子成爲民族英雄，她父女未來會如何呢？尚未可知，司馬光在「赤壁之戰」一文說：

> 劉備、周瑜水陸並進，追操至南郡。時操軍兼以饑疫，死者太半。操乃留征南將軍曹仁，橫野將軍徐晃守江陵，折衝將軍樂進守襄陽，引軍北還。

赤壁（今湖北嘉魚縣東北江濱）一戰，三國鼎立之勢形成。當年孫權陣營內部有主戰、主降兩派，主戰者周瑜和魯肅，主降者張昭。似乎上蒼並無站在那一方，而是每個人在「關鍵時刻」下達正確決心，做了某種選擇。鄭成功選擇反清並和父親脫離父子關係，林志玲選擇在中國打拼。她父親在台挺扁，結局會如何！

但人有時候連選擇的機會都沒有，周瑜在九江訓練水師後的六百零七年，大唐詩人白居易也到了九江，並在煙水亭中寫下「琵琶行」，成千古名作，他是被貶到九江的。

一夥人站在「琵琶行」碑文前，思緒啓動時光機器，瞬間已到大唐長安城。元和十年（西元八一五年）六月，宰相武元衡被平盧節度使李師道遣刺客刺死，時白居易爲東宮贊善大夫，僭越言事，上疏請「急請捕賊，以雪國恥」，貶爲江州司馬，卻也和江州

（九江）結了一段緣。政壇失意，文壇上白氏是一顆巨星，他是最早主張詩作「明朗」的大詩人。「墨客揮犀」有一段記載：「白樂天每作詩，令一老嫗解之，問曰：解否？曰：解，則錄之。不解則又復易之。」必改到婦孺都曉才是滿意的作品。中國文學史給他很高的評價，因爲他站在廣大的人民眾群這邊，爲人民代言，這也表示，千餘年後葡萄園詩刊「健康明朗中國」路線是正確的。

較之白居易另一名作「長恨歌」，琵琶行更富現實意義，更貼近了人民的心。思及此，我們這些台胞詩友們已打破了時空限制，若見周瑜在煙水亭中檢閱他的水師，赤壁，曹操北走，而不久白居易又在亭中誦讀「潯陽江頭夜送客，楓葉荻花秋索索……」優美明快而富於音樂的言語，襯托蕭瑟淒涼的自然景色，讓人沉醉著不想回到廿一紀紀來。

導遊吆喝著來不及吃飯了，才忽忙進住酒店，打理行頭後餐廳就位。整整兩桌，好好酒、美女，這是一個痛快的晚餐。

爲明日上午和九江市作家協會有一場座談會，晚餐後該協會主席吳清汀先生，特親自到酒店與大家商討明日座談會議程，會後並設宴款待全體來訪成員。

兩岸文藝文化交流．餐會．High 翻天了

第二天上午依雙方即訂計畫，與九江文壇有一場「海峽兩岸文藝家有化交流座談會」，我方發表的七篇論文見青溪第三期，不再贅述。

九江市作家方面，有作協主席吳清汀、白鹿書院教授蔡厚淳、九江文聯張金元教授、九江職業大學教授羅會珊暨講師石舞潮等多人。所提報內容大致不離廬山文化、潯陽江文化及歷代文豪在九江留下的寶產，這些也不再贅言了。最值得一提的，還是文字論述之外那份感染在每人渾身上下的「感覺」，那種奇妙的感覺，絕非學術論文所能表達。

實際而簡單的道理，是那份共同歷史文化的背景，同文同種的情緣，血脈中流著同是炎黃子孫的五千年榮耀。大家在一起也就無話不說，不論葷笑話、冷笑話、成語、典故或瘋語，大家都能心領神會，百分百的懂、語言溝通無距離，這是到歐美等地不可能有的感受。所以，我喜歡到中國，因爲這是「回國」，感覺很好。

所以，這天的中午，九江文協設宴款待我們，大家在一起唱歌、跳舞、詩歌朗誦、詩舞的演出，「觥籌交錯，坐起而喧嘩者，眾賓歡也。」真是High翻天了。

中國最唯美的鄉村婺源（朱熹故鄉、唐宋古村原貌）

清華古村彩虹橋（建於唐代開元年間）

左起：台客、彭正雄、賴世南、陳福成、吳芃俊、邱琳生

快樂的夥伴們！

「舒園」是甚麼？答案在內文

左起：吳元俊、台客、金筑、陳福成、林靜助

本書作者，背景是汪口村

左起：羅玉葉、陳福成、蔡麗華、蔡雪娥

左起：羅玉葉、蔡麗華、金筑、台客、陳福成、林智誠

我們大約有一天半的時間，所有的人沉醉在婺源這片唐宋古村落，又穿越時空，回到千年以前。

據「婺源縣志」記載，唐開元廿八年置婺源縣。但早在春秋時代就是吳楚爭雄之地，秦始皇設天下三十六郡，「鄣郡」即婺源（因婺源大鄣山之名）。自唐代建縣至今，許多村落仍保存每個時代建筑風格，向有「古建筑博物館」美譽，數十古村鎮和景點，爲人類歷史文化的無價之寶。我們只能擇要參觀四個古村落。

生態綠洲「曉起村」，唐乾符年間建村，有汪氏、洪氏兩族人，自唐至今，社會、經濟、文化逐漸繁榮的各時期。體現人與自然「天人合一」的生活境界。群山環繞，氣勢不凡，每人眼睛索尋著，水口公園、繼序堂、禮耕堂、雙井印月、進士第、榮祿第、大夫第、宗祠，還有古樹、遊人、雞鴨、鵝群、村姑、村民同在，讓古今同在，傳統與現代共存。

天下第一樟「嚴田村」，遠望田園村舍、老樹古藤、亭台樓榭，近看大樟樹、小溪流、古石橋、老油榨、水車碓……曲徑通幽處，又一光景，這是那一朝代，宋明吧！有遊人在酒肆把酒臨風，有觀村姑制作紙傘，有在古樟樹下拜神。拜的正是有一千五百年高齡的「天下第一樟」，胸經四公尺多，三十六個人才圍的住。一顆古樹正是文明古國成長史，民族精神的象徵。

彩虹橋和「清華村」。唐開元二十六年（七四〇年）婺源建縣，縣治就設在清華，在之後的一百六十年，這裡是婺源的政經文教中心。滄海桑田，城牆已被歲月蕩然，但清華仍不失爲一個文化底蘊深厚的景區，最出名是建於宋代的彩虹橋，被譽四中國最美的廊橋。其四周景色優美，青山如黛，碧水澄清，坐在這裡小憩看景，會讓人那裡也不想去了。

北宋商埠「汪口村」。汪口村，古稱永川，屬江灣鎮，建村於北宋大觀三年（一一一〇年），村人耕讀並舉，儒商結合，元、明、清三代仍是婺源重要商埠。一行人慢慢的逛，拍照攝影，俞氏宗祠、平渡堰、老商業街、一經堂、懋得堂、大夫第、養源書屋、生訓堂、書院、舒園（即廁所），每個景點都讓人驚嘆！「我們老祖宗如此用心，我們中華文化如此深厚！」

宋代大思想家朱熹是婺源文公山村人，目前設「朱子文化園區」（婺源南區），區內尚有朱熹手植杉樹十六顆，八百多年了，參天聳立。婺源北區盧坑村，則是清代大工程師詹天佑的故鄉；而清華村曾是岳飛屯兵處，婺源西區的鴛鴦湖是中國野生鴛鴦最大棲息地。

婺源，中國最唯美的鄉村，地靈人傑，人類的天然寶產，只看一天太少，住上一個月才夠，才看的到「內在美」的最深處。

「美」可以是婺源的代名詞，這裡又文風頂盛，中國歷代文人雅士莫不到此一遊。環境的美不在話下，就是一般人的生活言談，也講究「美感」，例如這裡的人叫「廁所」，不叫衛生間或便所等，稱「舒園」（見前面照片），可見這裡的文人多麼講究美感了。

懸空棧道近景

三清山一景，左起：蔡雪娥、台客、陳福成

世界自然遺產、中國道教聖地：三清山

今（二〇〇八）年七月八日，從加拿大魁北克傳來喜訊，第三十二屆世界遺產大會順利通過中國三清山列入「世界遺產名錄」，三清山正式成為我國第七個、江西第一個世界自然遺產地。這裡正是我們要展開一日遊的道都仙山。

三清山坐落江西上饒市玉山縣北部，因玉京、玉虛、玉華三峰峻拔，如三清列坐其巔故名之，主峰玉京海拔一千八百餘公尺。我們是在遊罷婺源後，八月十七日晚上先進住三清山下的雙溪山莊，晚上逛三清街、購物，金筑在大街上唱歌給大家聽，成為這晚街上重要景點。

次日，八月十八日，我們早餐後裝搭乘「亞洲最長的纜車」上到三清山頂，三十八分鐘的纜車程，沿途已像進入「南天門」雲遊。難怪前人贊曰：「高淩雲漢江南第一仙峰，清絕塵囂天下無雙福地」。

上午我們先暖身小遊萬壽園景區，晉謁老壽星彭祖並合影留念，欣賞奇峰巧石天然妙相，渾然天成，領悟「道法自然」之理。午餐後才是一道長達六小時的「大菜」，約十二點，導遊引導下沿西海岸→三清宮→東海岸→南清園等四大景區塊順序起程，逐一

↑「玉女開懷」遠觀

三清山盛景

老道拜月

進入一區區的人間仙境。

「西海岸」。沿危壁上人工修築的平坦棧道而行，在絕壁「懸空」棧道，如覆平川，腳底雲海翻騰，遠眺群峰皆伏趾下。端視那峰形，猴王觀寶、觀音送子在壯闊雲海間；續有飛仙谷、螺絲谷、大峽谷，谷間霞光萬道，震顫著人的心靈，眼睛和相機不停地，把這瞬間所見的唯美，留住成爲今生最美麗的回憶。

「三清宮」福地景區連接西海岸，是三清山人文景觀的集萃地，也是道教古建築群的「露天博物館」，有觀、殿、府、坊、泉、池、橋、墓、台、塔等數百古建築群和文物，體現中國兩千年道教思想精華。細觀這裡景物，原來人與自然可以如此和諧，天人一體，是我國研究道教古建築設什佈局的寶地。

「東海岸」接連三清宮，懸空棧道與西海岸連接，總長計三千六百公尺，漫步於陽光海岸之上，足踏浮雲，身披霧紗，如遨遊于仙境。放眼望去，遠處高山石林等壯麗景觀盡救眼底，沿途過度仙橋、乾坤台、步雲橋，向西遠瞭，玉京、玉華三峰浮於雲海間。置身其間，人世煩惱盡去，苦痛皆忘。

「南清園」景區雖無懸空棧道，但自然景觀最爲奇絕，沿途狐狸啃雞、巨蟒出山，萬笏朝天、司春女神、玉女開懷、子牙垂釣、觀音賞曲、天門群峰、葛洪獻丹等上百奇景。而妙中之妙，奇中之奇，是巨蟒出山、司春女神和玉女開懷，非親臨不能論述，筆墨不能形容。

這一路走下來，整整六小時，尤其難得是彭兄、金老、大娘、二娘、三娘都走完全程，怎不叫人贊嘆。

晚餐邊喝著冰啤酒，聊的也是三清山。大家的共識是「雄、奇、險、峻、清、幽、秀、絕」，她，「攬勝遍五岳、絕景在三清」；她，「雲霧的家鄉、松石的畫廊」，古稱「江南第一仙峰、天下無雙福地」。「真想再來、多住幾天、值得」是臨行時，每人的由衷之言。

台灣旅行團有則笑話形容，「上車睡覺、下車尿尿、到站買藥」。但我們這團完全不同，從頭到尾，在遊覽車上真是High翻天了，快樂的不得了，大家歸功於理事長林靜助先生領導有方。歌功者有之，頌德者有之，贊如劉邦之能者有之，理事長實在「聽不下去了」，站起來宣告，凡有再贊美理事長的人，罰新台幣一百元，才止住鬧劇。

事實上，此行最是大家開心果的是「三娘」蔡雪娥小姐，她細心、熱心爲大家準備零點心，是全車人員的「心肝寶貝」。在離開三清山前往鷹潭的路上，大家在遊覽車高歌賦詩，我亦拈詩曰：「思春女神坐懷邊，忐忑不安心熬煎；左思右想誰敢動？乾脆出家度晚年。」詩閉，全體笑彎了腰。過了很久，我似乎還聽到雪娥的歌聲，「爲著十萬元」，「雪娥過雍門，鬻歌假食，既去，餘音繞梁欐，數目不絕。」

龍虎山瀘溪上的水上船家

瀘溪兩側崖壁上的「懸棺」（春秋時代古越人的墓葬方式）

←↓龍虎山「天師府」

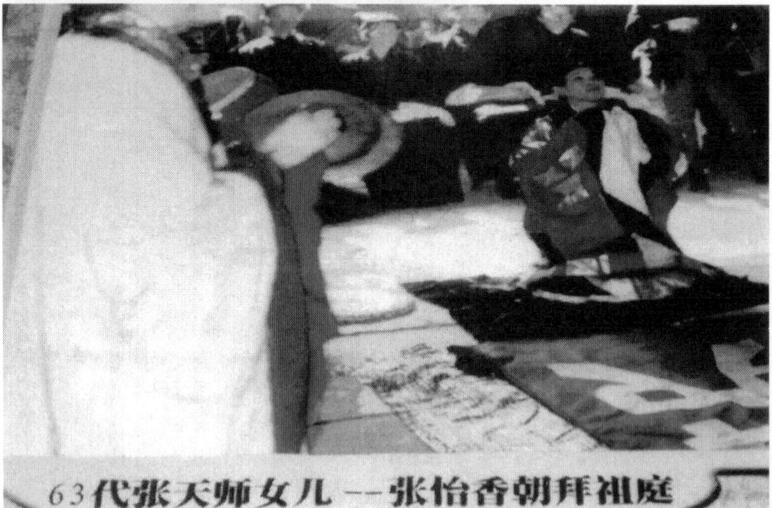

鷹潭龍虎山：道教祖庭天師府、春秋戰國崖棺謎

行程第五天，我們來到鷹潭龍虎山，這裡是中國道教祖庭。「水滸傳」第一回，「張天師祈禳瘟疫，洪太尉誤走妖魔」，把道教聖地龍虎山描繪得出神入化。東漢中葉第一代天師張道陵在龍虎山創教，至今傳承到六十三代，以一姓嗣教兩千年，舉世無雙。在宋元明時期，張天師被敕封一品，龍虎山統領江南道教，總領三山符籙，成爲中國道教傳播發展中心，故有「南張北孔」之說。

至今保留完整的龍虎山上清嗣漢天師府，一行人在這裡探密找尋，恢宏建築，一派仙氣，萬法宗壇、仁靖真人碑、道契崆峒、敕書閣、授籙傳度、斗姥殿、玉皇殿、第六十三代張天師女兒張怡香朝拜圖照，都被我們一一收錄回憶，成爲個人歷史的一部份。還有伏魔殿的鎮妖井，原來是施耐庵生花妙筆下梁山泊一百零八好漢的出處，由此演繹出一部「水滸」，傳讀千古。

龍虎山，山水奇絕，風光秀麗，百態千姿。最爲出色當屬逶迤曲折的瀘溪河，從東至西貫穿整個龍虎山旅遊區，似一條玉帶串起兩岸珠璣，僧尼峰、仙桃石、仙女岩、丹勻洞等奇峰妙景數不盡。歷史上，文天祥、王安石、曾鞏都曾遊覽於此，留下「千尺雲

崖上，仙城白蓮開，徘徊凌絕頂，好景勝花萊」的千古絕唱。

沿著瀘溪河岸群峰，在千尺絕崖間，是春秋戰國時代古越人的崖墓群。據考古研究，此處崖墓是我國歷史最久遠、崖墓數量最多、出土文物最珍貴、懸棺最險要的墓葬群。兩千六百多年前，古越人如何將先人棺木葬品懸放在斷崖之間，千年不壞，至今仍是未解之謎。雖然下午四時許，現場有表演性的「懸棺仿古裝」演出，這也還不是答案，據聞有關單位獎四十萬人民幣，找尋解謎人，客倌，你是吧！

晚餐我們享用「天師八卦宴」，含道教文化及濃鬱鄉情。晚上逛天師府所在的上清古鎮，古街縱橫，小巷深邃，民風淳樸，看建築有大唐風情，有宋元格調。大旅行家徐霞客路經這寶地，託下「渡溪即上清街，其街甚長」。南宋理學家陸九淵曾爲古鎮石帖選跋，這裡是道教祖庭，更是歷史文化之重鎮。

又見南昌：滕王閣與繩金塔

第六天我們再回到南昌，這是最後可玩可看的一天，明天要回台北了。不捨和「趕工」之情寫在每人臉上，一個下午參觀滕王閣和繩金塔。

滕王閣、黃鶴樓、岳陽樓并稱江南三大名樓。唐永徽四年（六五三年），唐太宗之

↑在滕王閣內，左起：彭正雄、蔡雪娥、林宗源、陳福成

←南昌「繩金塔」

弟「滕王」李元嬰任洪州都督時所創建，因初唐詩人王勃所作「滕王閣序」而名傳千古。文學家韓愈曾贊道「江南多臨觀之美，而滕王閣獨爲第一，有瑰偉絕特之稱。」故又素享「西江第一樓」之美譽。正如一位學者所云：「南昌有滕王閣，乃一省之徽；猶如北京有天安門，爲一國之徽。」可見古城南昌與古閣很有淵源，大家可慢慢進入歷史時空悠遊。

南昌「滕王閣」

導遊逐層介紹滕王閣，以三樓「臨川夢圖」、四樓「盧山圖」和五樓「百蝶圖」最引人入勝。尤以臨川夢圖中之主角，素有東方沙士比亞美譽的元代戲劇家湯顯祖，畫的正是他的夢中園，夢雖唯美，終究只是夢。我對湯顯祖的印象來自他和佛教的一段緣，萬曆十九年（一五九一年）春，他有「報恩寺迎佛牙夜禮塔，同陸五台司寇達公作」詩：

駕禦園開寶色空，水晶燈火映餘紅。焉知爪發青銅色，依舊長幹木寺中。

大報恩寺在南京，是明成祖朱棣所創，鄭和監工，其地宮可能瘞藏佛牙舍利，當年御封時湯顯祖也參與觀禮。這也是一段歷史公案，似與此行無關，但一個景點會吸引人，乃因和歷史文化有深厚的關係。西元一三六三年，明太祖朱元璋在鄱陽湖大敗陳友諒，也在這滕王閣裡大宴官兵，爲古閣添一佳話。

南昌另一勝景是繩金塔，原建於唐天佑年間。以後劫難不斷，屢經興廢，現塔體爲康熙五十二年所建，歲月悠悠，殆乎及圮。今迎盛世，二〇〇〇年間有南昌地區二十九位書畫名家，聯袂創作并捐獻給繩金塔長存，導遊逐層引介，遊人贊不絕口。

繩金塔旁另有千佛寺和大成殿，也是大家留連駐足攝影的地方。在南昌的最後一夜，大家免不了多喝幾杯，一夥人又在「三娘」房間聊倒凌晨兩點，睡三小時要起床了，因爲一大早要趕往香港的飛機。

歸程、回憶、北京二〇〇八正夯

這一星期在祖國大地的走馬看花，所看亦不過神州大地的九牛一毛。但，我們已從「一朵花看天堂，一粒砂看世界」，祖國的大地多麼優美壯闊，祖國的歷史文化多麼深厚，單一姓氏宗譜能寫兩千年而不斷（如道家張天師、儒家孔子），又爲舉世獨有，這也是中華文化傳承特別之處。怎不叫人贊嘆！

此外，這七天我們看到一個讓人欣慰的景像。不論香港、九江、南昌或婺源、鷹潭、三清山等地，大人小孩的臉上洋溢著「中國人辦奧運的喜悅和自信」，人們的臉上清楚的寫著「中國人站起來了！」多麼奇妙的事！大約不久前（滿清中葉、兩百年前），我們失了民族主義，於是中國人開始自卑，「外國月亮圓」、「淪爲次殖地」、「狗和中國人不准進去」……

真是慘啊！然而現在中國起來了，二百零四個國家的選手及許多大國領袖齊聚北京，共享同一個夢。我相信，以儒、佛、道爲核心價值的中華文化，這樣的民族要強盛後，與西洋強權是完全不同的。

現在兩岸交流日愈頻繁，也日愈方便直接，到他國旅遊也盛行。你以「台灣人也是中國人」出遊，定能感受到那股親切熱情、榮耀的感覺；反之，你以「台灣人不是中國人」出遊，你可能會失去很多，最後連自己也失去了，不信者可自行去做更深刻的體驗。

余所言，如般若智慧，能除一切惑，真實不虛。（陳福成寫於江西歸來，二〇〇八年初秋，台北萬盛山莊・本文同時在台灣青溪論壇和大陸江西潯陽江雜誌刊出。）

第六十四代張天師張源先傳出重病前不久為道長授證畫面。　周宗禎翻攝

第64代張天師病逝

【本報草屯訊】嗣漢第六十四代張天師張源先病逝，治喪委員會十五日起，將在草屯鎮僑光棒壘球場，舉辦黃籙進表儀式，由全省各地道長表達敬意，二十日再舉辦飛昇登眞儀式，邀請立法院長王金平主祭，恭送天師返回天庭。

張源先在民國五十八年，因堂叔第六十三代天師張恩溥過世又無兒子繼承，經在台家族會議通過，接任第六十四代嗣漢張天師，成爲道教掌教，今年一月健康突然因肝病惡化，健康亮紅燈。上月十五日休克昏迷送台中榮總急救，兩天後病逝。

張源先個性敦厚誠懇，擔任張天師職務後，便以宣揚道教爲己任，在國內外奔波傳教，國內道教祭儀都能以張天師到場，相當光榮。除傳道弘法，張源先還編纂歷代張天師傳，為第一代天師張道陵以下歷代天師，做完整的紀錄。

第六十四代張天師治喪委員會，決定本周六起依道教儀式，爲張源先舉辦黃籙進表儀式。

第四輯　春秋微言大義

"八二三"砲战全体官兵合影

二〇〇九年十月的微言大義

今年的十月真是「詭異」，也是「鬼異」，十月，竟如此的冷冷清清，若是台獨份子執政也罷了！是統派執政耶！若說受「八八水災」影響，官方「不方便」，至少民間要大大的辦，結果也是冷清。

十月卅一日的「蔣公誕辰」尤其冷清，全台何處還有人記得他的豐功偉業否？誰統一了中國？誰使中國不亡於倭奴鬼子？誰使台灣有今天的繁榮？誰堅持中國必須完成最後的統一？都忘了，只記得他的過錯，這世上誰一生完全沒有過錯？告訴我，我的薪水、房產、地產，全過戶給他。

二〇〇九年的十月，我看著，冷冷的看著，我聽著，靜靜的聽著，「我觀自在」，仍看到一些「微言大義」，微弱的聲音，應有「蝴蝶效應」吧！

有一份小小的「國慶特刊」發行，只有少少的人拿到，更少少的人會讀一讀，我是那更少少的人之一。這特刊是馬鶴凌創會人、蔣方智怡名譽理事長，現任理事長章士金、公關部主任凌蕙蕙等，餘不細述。特刊上有大人物題字：

立法院院長王金平：厚植國力　開創新局

黃復興主委王文燮：發揚黃埔精神　完成中興大業

黃埔四心會會長羅文山：四海同心　慶祝國慶

武昌首義同志會理事長向榕鑼：碧血黃花先烈淚　乘風破浪志士心

連立委顏清標也題「萬眾一心　開創新局」，餘略述。也好，至少心到，有心就好。中國三民主義協進會理事長黃家策倡議「國共第三次合作、共議中國和平統一」，他說：

兩黨要為千秋萬世著想，放寬胸襟，擴大眼光，同心協力，齊一心志，共議和平統一大業，發揮中華民族文化精神，重視中華民族歷史的責任，中國和平統一，富強康樂的願望，必然可以成功。

我相信，很多民間的微言大義，產生了很大的力量。當家的馬英九很多地方不方便說，不方便做，吾人可以體諒。至少三通啓動，這是向統一邁進了一大步。馬英九的歷史地位在統一，他若不向統一邁進，不過是一個地區「清廉的頭目」，與陳水扁的差別，只是貪污與不貪污而已，中華民族千秋萬世沒有他的「地位」。

再說蔣公誕辰，更是冷冷清清。幸好，仍有民間的微言大義發聲，「大中華鄉親聯誼總會」和「台北市退休公教人員協會」，在師大綜合演講廳舉辦紀念會，節目主軸是「紀念民族大英雄蔣公中正誕辰演唱會」。熱心藝文公益的鄭雅文小姐（也是青溪和中國詩歌學會顧問），邀請我和文史哲出版社老闆彭正雄先生去當貴賓，我們欣然前往參加。除主持人致詞和介紹贊助者外，整個演唱會曲目表如下：

紀念民族大英雄　蔣公中正誕辰愛國、藝術歌曲演唱會曲目表

主　持/盧月香小姐．伴　奏/游麗鈴老師．達莊老師

編號	演唱（奏）者	曲　目	伴奏方式	簡　介
1	全體大合唱	1.總統蔣公紀念歌 2.感恩的心 3.掌聲響起	鋼琴	
2	游麗鈴	1.山歌一唱心花開 2.我住長江頭	鋼琴	女高音兼伴奏老師，審計部合唱團指揮
3	陳祥麟	1.大江東去 2.斯人何在	鋼琴	男高音，師大附中合唱團指揮
4	陶秀華	1.青藏高原 2.回娘家	CD	川劇變臉專家，知名兩岸，已成國寶級人物
5	林學聰	1.手中情 2.古月照今塵	鋼琴	大同社大卡拉OK班班長 歌唱比賽冠軍
6	王威信 （王宗立）	Happy Birthday To You	鋼琴	青年企業家，銷售房屋傑出人才
7	張道文	大提琴獨奏 1.Bossa Cella 2.城南舊事	大提琴	留美音樂演奏碩士，國際知名跨界大提琴家，並常受邀唱片專輯錄音
8	凌蕙蕙	1.巾幗英雄 2.甜蜜蜜	鋼琴	中國小姐第一名，多才多藝，享名於世，且常行善樂捐
9	王碧琪	1.今夜山風吹心房 2.隱形的翅膀	鋼琴	正聲歌唱比賽冠軍 公益團體擔任志工
10	王麗玉	1.叫我如何不想她 2.荷韻	鋼琴	燃燈合唱團資深團員 長江三峽歌唱比賽冠軍(王昭君)
11	藤田淑子	1.中華民國頌 2.日本歌曲	CD	日本學人，在台數十年推動 中日文化交流，有功兩國之大師
12	胡適	船歌	鋼琴	五燈獎評審老師 社教館兒童歌唱班老師
13	王夢玉	紅莓花兒開		大陸名畫家，演唱蘇聯歌曲
14	莊紅如．婷婷母女	揚琴、南胡合奏 1.月圓花好 2.賽馬	揚琴 南胡	享譽國內外，時做公益活動之演出
15	殷素美	1.梅花 2.雲河	鋼琴	樂於助人，常為公益團體做義工
16	金筑	1.茶山情歌 2.小河淌水	鋼琴	名詩人兼聲樂家，貴州同鄉會副理事長

主辦單位：大中華鄉親聯誼總會．台北市退休公教人員協會

節目中，陶秀華、胡適（原住民音樂老師）、莊紅如和婷婷母女、金筑等，都是有真工夫的，很有看（聽）頭；游麗玲和陳祥麟也是實力派。倒是那位叫「藤田淑子」的倭奴國女子來的有些不倫不類，紀念蔣公唱倭奴國歌曲，豈不讓老校長蔣公傷心。還好，那倭奴國女子先唱了中華民國頌，也算「打平」了。

金筑大哥要好好贊揚，他與我同是葡萄園詩社同仁，但他更是兩岸詩壇的大老，那「茶山情歌」和「小河淌水」中氣十足，且震驚全場，他的歌聲譽滿兩岸文壇。在詩和歌聲中表現春秋大義，他的微言透穿時空，爲吾輩所敬重的長者。

二〇〇九年的十月，在清冷中過了，再也沒有了「光輝的十月」嗎？我想也未必。不管是「十月一日」或「十月十日」，終究是兩岸同胞共有的十月。

至於十月卅一日的蔣公誕辰，相信現在只是暫時的沉寂，曼近哈佛大學有關蔣介石的著作，已經有了新的定位，他的評價在歷史上會超過毛澤東。歷史終究要還蔣公至少一個「民族英雄」的地位，抗日是誰打的？誰又是篡竊者？歷史的照妖鏡高高照下，自然是清楚明白的。

在台灣批判蔣公者，主要有三事件：外蒙獨立、「二二八」和「白團」事件，于以爲後兩者是「小節」，不足掛齒，主要是外蒙獨立。盡管當時環境特殊，但大片國土不見了，國家領導人當然該負責，由未來史家定奪吧！

以上論述，我似乎是蔣介石的崇拜者，事實上我是就事論事者，我崇拜他因他完成三件歷史偉業：中國之建軍、完成統一和對日抗戰勝利。他並非完美，他仍有一些爭議，甚至仍有「敗筆」，如「以德報怨」的虛幻和勝利後的草率裁軍，此二者，一失民心，一失軍心。在馮馮著「霧航」（台北：文史哲出版社，二〇〇三年十一月），記錄一段當時人民對「以德報怨」的怒吼：（上冊，第二五八頁）

「你他媽的以德報怨！」

「日本鬼子沒殺到你老蔣一家，你當然不心痛，你出賣全中國人民！」

「昏君，老蔣是昏君！」

「打到蔣介石！打倒老蔣與孔宋貪官！」

「打倒蔣光頭！」

「你不叫日本賠償，你來賠我們嗎？」

「該死的老蔣孔宋集團，映國害民！」

「……中國人民被日本屠殺的三千萬人血債，一定要日本鬼子償還……血債血償……」

以上應是當時幾乎全民的怒吼，至今我個人仍以爲，以德報怨是空幻的，是不公平、不正義的，必須血債血還或賠款，十年還不完，五十年、百年也得還。倭奴在中國所爲，不光是一個「南京大屠殺三十萬人」，至少上百城鎮都被大屠殺，平民死亡三千萬，流離失所上億人，怎是老蔣一句以德報怨了結？太荒唐了！

至於戰後大裁軍，更是「飛鳥盡，良弓藏，狡兔死，走狗烹。」大陸焉能不丟乎？啊！都是問題，讓歷史去評斷吧！

至少，今天中國終於強大了，中國共產黨於有功焉，好好把中國建設起來，完成統一，可補前罪。如「燕王篡位」是罪，但他身爲明成祖後的雄才大略是功，老蔣和老毛的功過，再五十年會有最公平的評斷。那時，是二〇五九年的十月吧！不知那時的國慶又在何時？

勇者辜媽媽，想起辜老

我不是辜家的甚麼人！當然和辜老沒交情。但臧否人物或時局，月旦古今大舞台上各要角功過，是一支「春秋筆」的基本職責。

自從辜老走後，新聞很少他倆老夫妻的訊息。今天這則小小新聞有幾句動人的話，她說，京劇是中華民族的藝術瑰寶，彰顯了中華民族的歷史、文化、思維及生活，傳揚忠孝節義，鼓舞世間的公理正氣。

辜媽媽深情清唱鎖麟囊

【本報香港電】海基會前董事長辜振甫遺孀辜嚴倬雲（圖／取自網路）二十一日出席海峽兩岸京劇藝術論壇，在大陸天津舉行的兩岸京劇票友聯誼中，講述了她學習京劇的過程，並現場清唱程派代表作《鎖麟囊》選段。

一襲黑色中式套裝、一條桃紅色絲巾，八十五歲高齡、被大家稱「辜媽媽」的辜嚴倬雲，當天深情講述她追隨辜振甫學戲的經歷。

辜嚴倬雲說：「今天與兩岸的京劇愛好者在一起，非常開心，這讓我想起先夫辜振甫。辜振甫雖然是台灣人，但深愛京劇。我們婚後住在香港。因爲丈夫喜歡京劇，我便開始學習，並漸漸愛上京劇。此後五十多年，我們經常一起學戲，一起唱戲。」

「我雖然年事已高，唱得也不好，但爲了京劇、爲了答謝愛好京劇的朋友，我還是要唱，這是我的心意。」辜嚴倬雲說，京劇是中華民族的藝術瑰寶，除了具藝術價值，更有珍貴的人文價值。它反映出中華民族的歷史、文化、思維及生活，傳揚忠孝節義，彰顯了人世間的公理和正氣，引領人類走向真善美的世界。現在京劇的存續、發揚已經趨緩，要靠大家的共同努力，才能夠生枝散葉、開花結果。

辜嚴倬雲的述說打動了現場每個人，最激動的是她的長女辜懷群。辜懷群說：「父親去世後，母親就沒開口唱戲了。今天她唱得非常好，是非常純正的程派唱腔。」

「我們是一個很緊密的家庭。我和弟妹所有待人處事的根基，都是從爸爸媽媽那裡學到的。爸爸說，自己的文化自己愛，自己的家鄉自己建。」談到家庭對她的影響，辜懷群的眼睛濕潤了。

二〇〇九.十一.廿四.人間福報

今天能講又敢講出這種富有民族氣節的話，還有幾人？從商者唯利是圖，從政者怕被醜化（自由時報一定加倍醜化的，該報從林榮三、吳阿明以下到記者，可以把一個在路邊小便的中國人，無限上綱說十三億中國人都是在路邊小便的。事實上，自由時報每天都在造假新聞，無一真實。）辜媽媽的一段話，所產生春秋大義的力量，遠勝台獨政客及獨派媒體如潮水般的歪曲、抹黑和嫁禍。尤其「嫁禍」更是自由時報林榮三集團的專業，他們幾乎天天製造假新聞、假事件、假劣行等，然後說藍營人馬幹的。但碰到春秋大義，準嚇的皮皮剉，這便是孔子說得「春秋成而亂臣賊子懼」的道理。勇者，辜媽媽！

第二句感人的話應是她長女辜懷群說的（見剪報），「爸爸說，自己的文化自己愛，自己的家鄉自己建。」炎黃子孫當然熱愛中華文化，這是自然之事。且以辜家背景更有中華文化的代表性，為何？辜振甫的祖父辜鴻銘是清末名儒，外祖父是末代皇帝溥儀的老師陳寶琛，姑父是清末大實業家盛宣懷。而辜媽媽嚴倬雲女士是清末大翻譯家嚴復外孫女，嚴復是第一個把「進化論」等西方經典，翻成中文的人。嚴氏其他翻譯作品有約翰米勒的「名學」和「群己權界論」，亞當斯密「原富論」，孟德斯鳩「法意」，他自己著作有「政治講義」，是我國首部政治科學。

我爲甚麼要提他們的前代背景，那是他們的「根」啊！他們的根多麼深厚，真是無價之寶，難怪辜老說「自己的文化自己愛」。若不愛這些根，不僅「無根」，而且把放在眼前的寶物丟了，只有「白痴」才幹這種事，有沒有這種白痴？同是辜家，辜寬敏就是，好好祖產不要，要去擁抱台獨，真是腦筋不清楚，到頭一場空，又落個漢奸的千古罵名，豬啊！

想起辜媽媽，想起辜老，要勉懷他一生對國家統一的項獻。一九九三年四月在新加坡舉行的「辜汪會談」，是一九四九年後兩岸唯一真誠談判的里程碑。經此次會談，兩岸的和平統一邁出第一步。一九九五年那個老蕃顛李登輝惡搞，使兩岸關係陷入低潮，直到一九九八年十月，辜老以八十一歲高齡訪問大陸，在上海「和平飯店」與汪道涵會談，再與江澤民晤談，兩岸關係才又有希望。

每思及辜老無怨無悔的承擔兩岸和平統一推手，令人不禁想起戰國時代齊士魯仲連，爲天下解決問題，而不取半文銀兩。「史記」中說他：「好奇偉俶儻之畫策，而不肯仕宦任職，好持高節。」邯鄲解圍，平原君要封魯仲連，魯曰：

所貴於天下之士者，為人排患釋難解紛亂而無取也。即有取者，是商賈之事也，而連不忍為也。

可貴啊！多麼高風亮節的一個人，難怪人稱「現代最後一位紳士」。辜老另一了不起的事是，國民黨來台開始進行土地改革，辜老積極響應，把家族大量土地交給政府再分給農民。而政府則將台泥、台紙、農林和工礦四家公司的股票，轉讓給辜振甫作為徵地賠償。使政府順利完成土地改革政策，今日台灣能有的繁榮，辜家（尤其辜老）「功勞卡大天」，再過百年，後世子孫史家懷念的是辜振甫，所詛咒批判的是辜寬敏。

春秋之筆，真實不虛。春秋之言雖微，乃大義也。中國歷史、文化能歷五千年而仍不亡，今又崛起，是有很多春秋之筆，有許多春秋微言，產生了力量，使亂臣賊子懼。邪惡的力量不能長久，民族正氣得以彰顯，使中華民族成為永恆。

中國近五百年來兩大貪官：

和珅和陳水扁

陳水扁家族的貪污案終於一一爆發，與千百年古今中外所有大貪官同樣，逃不過人民的眼睛，更逃不過歷史和社會正義揭發，不論生前死後，案子總會見光。

到二〇〇八年底，陳水扁家族所有「已見光」的貪污數字，如雪球般愈滾愈大，各媒體揭發雖有差異，共同之處是A錢之多之大，吃錢洗錢手法之「專業」，可見貪污集團是有組織、有計劃的搞錢。

我打開歷史，查中國近五百年來（明末至今），比較貪錢最多，竟只有清代和珅能與陳水扁一較多少。和珅是何許人？很多人都知道，因爲他常是電視劇貪官主角，但貪了多少人民血汗錢，則所知不多，故本文先略說清代的和珅貪污案。

和珅是滿洲正紅旗人，學問不多（與現代人比算多，初在鑾儀衛當差。「鑾儀衛」

前第一家庭 牽涉12案，都跟鈔票有關

案名	陳水扁家相關人	案件近況	案件摘要
2008年8月 瑞士洗錢案	陳水扁 吳淑珍 陳致中 黃睿靚 吳景茂	**偵辦中** 瑞士聯邦檢察署來函，陳致中夫婦疑似觸犯瑞士刑法第305條之2洗錢罪。 特偵組懷疑可能與巴紐案有關。	《壹週刊》報導陳水扁透過黃睿靚將鉅額資金匯往美國。 立委洪秀柱爆料，黃睿靚、陳致中海外4個帳戶，金額超過9億3,000萬元。 陳水扁坦承「選舉結餘款」匯往海外。 特偵組已查獲7億元密帳，17日再發現16億元的未曝光帳戶。
2008年 巴紐案	陳水扁	**偵辦中**	2006年國安會、外交部找來外交掮客金紀玖、吳思材牽線，欲推展台灣和巴布亞紐幾內亞的邦交，10億外交款項下落不明。
2006年 國務機要費案	陳水扁 吳淑珍	**已偵結** **吳淑珍被起訴；陳水扁卸任後也改列被告**	台北地檢署確立陳水扁夫婦共犯貪污治罪條例「利用職務上之機會詐取財物罪」，假藉國務費核銷連續詐取1,480萬408元。
2006年 台開案	趙建銘 趙玉柱 簡水綿	**三審上訴中** **趙建銘，二審判刑7年** **趙玉柱，二審判刑9年半**	趙建銘在三井宴中獲悉台開利多，之後彰銀將大量台開股票賣給趙建銘母親簡水綿等人。
2006年 台開買官案	趙建銘 趙玉柱	**檢方簽結，暫不追查** 前台開董事長蘇德建人事案由財政部派任，缺乏證據顯示趙建銘能影響台開人事案。	檢調懷疑蘇德建以300萬元買官，質疑趙建銘向財經高層關切台開人事和聯貸案。
2006年 國票金關說案	趙建銘 趙玉柱 簡水綿 趙建勳	**檢方簽結，暫不追查**	2005年6月國票金經營權之爭，最後耐斯險勝一席。同年8月，耐斯集團匯出2,700萬元，錢經轉手匯入趙玉柱、簡水綿夫婦及趙建勳帳戶。
2006年 SOGO禮券案	吳淑珍	**已偵結** 吳淑珍雖收受禮券，但與SOGO經營權之爭無關，不適用貪污治罪條例。	SOGO百貨陷入財政危機，銀行團紓困，引爆SOGO經營權之爭。立委爆料，吳淑珍曾收受上百萬元SOGO禮券，介入經營權之爭。
2006年 生寶代言案	趙建銘	**檢方簽結，暫不追查** 收受代言費、漏報所得稅，違反醫師法，非刑事罰法處罰範疇。	趙建銘代言生寶臍帶血銀行的代言費1,900萬元，存入胞弟趙建勳的帳戶。
2005年 侵占款項案	趙玉柱 趙建銘	**趙玉柱遭判刑，趙建銘不起訴**	誠品董事長吳清友捐錢給桌球協會，該筆千萬資金卻流到趙玉柱私人帳戶。
2005年 藥商回扣案	趙建銘 趙玉柱 趙建勳 程雅玲	**檢方簽結，暫不追查** 多家藥商業務代表提供個人帳戶供趙建銘使用，但無給回扣證據。	杏隆、加拿暉等藥商匯給趙玉柱及趙建勳2,300萬元。趙建銘也曾以現金交付兩名隨扈，電匯至趙玉柱、趙建勳帳戶。
2005年 股市禿鷹案	吳淑珍	**已偵結** 無法證明吳淑珍參與	多檔明星企業股票一夕之間變問題股票，吳淑珍被指為幕後黑手。
2004年 陳由豪獻金案	陳水扁 吳淑珍	**陳由豪逃亡，無法處理**	被列為10大通緝要犯的前東帝士集團負責人陳由豪自爆，一位「民進黨大老」曾陪他進官邸，把600萬元政治獻金交給吳淑珍。

資料來源：《聯合報》、《中國時報》、《自由時報》　整理：林宵嫻

〈商業周刊，1083期，2008.8.25→8.31〉

陳水扁家族官司
資料來源:《蘋果》資料室
詐領、侵吞國務機要費案▶特偵組調查中
涉及跨國洗錢▶特偵組調查中
指親民黨主席宋楚瑜在美國與中國國台辦前主席陳雲林密會
▶一審被判賠300萬元，且須登報道歉，上訴二審中
指稱連戰、宋楚瑜在2004總統大選後發動柔性政變
▶被判須賠連、宋各1元，且要登報道歉定讞
（配偶）
協助陳水扁侵占國務機要費
▶被依貪污等罪起訴，但因健康欠佳無法出庭，加上卷證涉及國家機密，台北地院停審中
（兒子）
涉及跨國洗錢
▶特偵組調查中，目前是證人身分
（媳婦）
（女婿）
台開股票內線交易案
▶二審遭判刑7年，高等法院更審中
（親家）
台開股票內線交易案、侵吞桌球協會捐款
▶二審被判刑9年半，高等法院更審中
蘋果日報
2008.8.21.

醜聞揮之不去
■《壹週刊》爆料陳水扁、吳淑珍夫婦透過媳婦黃睿靚匯款3億元到海外，引爆扁密帳風暴（小圖，翻攝《壹週刊》）。而黃睿靚（上圖右）在瑞士美林銀行的海外帳戶，則被瑞士檢方懷疑洗錢而查封。　資料照片
壹週刊
利用黃睿靚洗錢
爆
3億出境
嚴凱泰
蘋果日報
2008.8.15

是清代官署名，職責掌管鹵簿儀仗等事，即皇帝出行時在前後的儀仗隊。

有一天選昇御轎，倉卒間尋找黃蓋不得，乾隆責問：「此誰之過？」各侍衛不知所對，唯有和珅高聲答道：「典守者不得辭其責！」乾隆看和珅機靈，儀態俊雅，大爲賞識。這和珅如中樂透般，一路高昇，一路紅到底，到乾隆四十一年（一七七六年），居然當了宰相。

但和珅一生所爲，不外貪污搞錢和殺害忠良二事，所做所爲如今之李登輝和陳水扁。只是李之污錢未入五百年排行榜。

乾隆六十年時，已八十五歲高齡，是年九月，乾隆宣詔冊立皇十五子嘉親王顒琰爲皇太子。明年正月，禪位太子，改元嘉慶，而乾隆自稱太上皇，仍大權在握，和珅也仍得寵。

和珅的貪污和陷害忠良之舉，嘉慶了然於心，不爲所動亦不露聲色。嘉慶四年（一七九九年）乾隆歿，立即列舉和珅二十大罪狀宣天下，賜令自盡、抄家，黨羽共犯皆斬首。所污財寶共編了一百零九號，已估價的二十六號共值銀二萬二千三百八十九萬兩銀子，其私人房產竟多達二千七百九十多間，花園兩座，一所亭臺三十六座，一所亭臺六十四座。（資料引：陳致平，中華通史第十一集，第一章）。

以上和珅已估貪污錢財的估算不過四分之一，二億多，加未估者應上看十億銀元。吾人已無從換算嘉慶初的十億，到廿一世紀陳水扁貪污案爆發時，到底已翻了幾翻，雖不致千億台幣，至少也百億台幣以上。

正好，陳水扁家族的貪污案，到二〇〇八年底，媒體報導上看百億（光瑞士七億，報導中說共有八國存扁家黑錢），此僅針對其家族，尚含台獨陣營所有共犯貪的錢財。若含未爆光者，不知扁家A走台灣人民多少錢？二百億、三百億……？台灣法律有種查下去嗎？我持懷疑論，理由很簡單，台灣這地方自古（鄭成功以後）以來，統獨兩陣營取大位，非爲長治久安，只當成一塊暫時謀利的地盤。大家都知道，政權是暫時的，可能不久就被大陸吸走（被統一），有權者個個想撈錢，撈飽吃飽，快快走人，財錢早已「五鬼搬運」放在世界某一角落。

原來，所謂「台獨」，是獨派陣營欺騙人民的把戲，而獨派的粉絲竟信以爲真，且盲目的用一生一世去鞏固自以爲是自己的代言者，是自己心中的「天王」。如今，自己心中的天王，竟一個個爆發貪污案，當事者都已承認罪狀（如陳水扁在記者會向人民道歉，自己做了不該做的事。）而那些粉絲還不相信，說阿扁無罪，難道自己的天王欺騙了自己嗎？天地間有此物種，真絕！（本文完稿於二〇〇八年九月）

李登輝時代國軍已上了大陸：

歡迎陳思思

我說歡迎解放軍少校軍官陳思思來台，不是因爲她和我同姓，也非因她是美女，而是有合理的原因。其一，早在李登輝時代，台灣大學因有學生要去大陸參訪，學校爲愛護學生，派校級教官隨行，教官是現役軍人，更是國民革命軍，大陸不僅不怕國軍「反攻大陸」，更雙手歡迎。表示大陸已不再被一些框框困住，他們真的「解放」了，他們願

美女解放軍登台 蘋果日報

綠：違規應逐出境

【陳明旺、蘇聖怡、徐珮君／台北報導】具中國解放軍校級軍官身分的中國歌手陳思思，今晚將在國父紀念館登台演唱，民進黨立委賴清德質疑，陳申請來台時未據實填報身分，應即驅逐出境，否則將上街頭抗議。賴更說，陸委會查核身分時曾有疑慮，卻在國民黨立委周守訓施壓下放行，陸委會未盡把關責任。

周守訓昨反駁，陳思思來台是經政府六個單位聯合審核，他絕無施壓，「若我施壓就放行，那解放軍不就全來了！」他說，陳來台是文化交流，勿政治化。

2009.10.31.

今舉行演唱會

陸委會副主委劉德勳昨說，陳思思所屬單位類似藝工隊，較傾向文藝性質，且來台是舉行演唱會，無軍事意涵，經國防部、新聞局等單位審查獲准來台，陸委會尊重審查結果。

民進黨立委潘孟安說，陳思思所屬的二砲部隊是解放軍主力，部署的一千枚飛彈對準台灣，國安單位卻讓如此敏感人士來台，主權面臨重大危機。他認為，中國未曾放棄武力犯台，現又打美女牌，以藝文交流為名登台，對台威脅不容小覷。

外傳中國另一名具解放軍身分，且有少將軍銜的歌唱家宋祖英也將來台表演。劉德勳說，尚未見到宋祖英申請來台案。

■陳思思官拜解放軍二砲部隊校級軍官。　翻攝照片

意伸出和平的手，為和平統一架橋。

其二，要從國軍使命來解讀，「使命」有任務、目標之意，刊佈於國軍部隊每一本準則或各種教戰手冊前頁。總的來說，自黃埔建校成立國民革命軍以來，國軍使命不外「追求國家統一繁榮、民族復興獨立」，這國家指的是中華民國，就歷史意義言也是指中國，民族當然就是中華民族。就中國而言，國軍和解放軍現階段使命本質上相同了。甚至國軍使命其實正由解放軍實踐完成。（真好，有人幫忙做事，國軍可輕鬆。）

□陳思思因具解放軍身分，民進黨立委認違反相關規定，應即驅逐出境。

準此而言，國軍目前應和解放軍攜手合作，追求中國之強大與統一繁榮。這種氣候似已形成，也歡迎陳思思代表解放軍登台，為未來國共二軍合作暖身。國共兩軍目前尚有內部共同敵人，即「台獨」，須共同阻止而消亡之。約一九八〇年代前，國軍天天高唱反台獨，如今怎不說了？唯一的原因是沒種，國軍應重伸「反台獨」的堅定立場。

原因之三，就憲法架構言，台灣的藍綠兩陣營都不否認目前的憲法是「一中」架構，這「一中」鐵律連李登輝、陳水扁都動不了，是不敢動。陳水扁被深綠逼急了，乾脆直接說：「台獨做不到，台獨不可能，台獨是騙人的，騙百老姓的。」他那八年僞政權還得靠「一中」吃飯存活。準憲法言，即是「一中」，那我們便是中國，陳思思是中國人，有何不能來？

擴而大之，解放軍追求的也是「一中」，國際上也只承認一個中國。大家目標使命相同，那有拒之於外的道理，當然是共同合作，追求國家之統一啦！

其四，不論十多年前國軍代表到大陸，或今日陳思思來台灣，都是工作上須要，一種特例。在歷史上，就算敵對的兩國或兩軍，也有派代表到對方陣營，進行任務或溝通，這實在是基本常識，勿須多言。何況，兩岸一家人、一國人，應多交流才是。

原因之五，對台灣獨派言，更應無懼於解放軍，道理很簡單，「國家的形成是武力戰的結果」，這也是政治學的基本常識。若真有心台獨，便要準備一場場的大決戰，陳水扁當家正是機會，要把國軍擴張成「百萬雄兵」，擴大徵兵，不論男女全部徵兵入伍，至少要有一百個重裝師，發展潛艦與核武，把態勢擺出來，這就是軍事上稱之「戰略態勢」的東東，這或許能嚇到解放軍，台獨於焉有望，豈不可喜可賀！

奈何陳阿扁、李登輝之流，高唱台獨，卻拼命裁軍。筆者一九九九在役時，國軍尚有三十多萬人，他二人當家裁了十幾萬人。明顯的「明獨暗統」，現在小馬也裁軍，也好兩岸統一了，軍隊何用？

我的意思是，獨派不應怕解放軍，如今只來一個女解放軍卻怕的皮皮剉。若那天台獨聖戰爆發，解放軍大舉登台，諸君豈不竄入地洞中。

以上五個理由，歡迎陳思思來台灣。最期待是國共兩軍早日合作，完成國家統一的神聖使命。中國積弱太久了，現在要崛起，這一代的中華兒女們！統一是你的大舞台，使出你的志氣、理想，統一才是你的春秋大業，搞下去、拼下去，才顯輝煌之人生。

勇者、誠者，星雲大師

在台灣特殊的歷史背景下，統獨像一頂「金箍扣」，緊緊的扣住每一個人的腦袋，沒有誰能脫除這頂金箍扣。所以，也等於人人頭上戴一頂「緊箍扣」。

「金箍扣」並非無解，知道「緊箍扣」的兩位聖者，觀世音菩薩和唐三藏只要念動秘咒，要緊、要鬆或甚至除去那個金箍子，都易如反掌。

在真實中國社會環境中，春秋大一統思想所規範，維持中國的統一架構，就是一頂無形的金箍扣。這種思想像觀音菩薩，只要有誰搞分裂，搞地方割據、地方政權、搞台獨，這思想機制便自動啟動，使那地方「異形」政權痛的在地上打滾，叫爺叫婆，痛不欲生。

所以，連那李登輝都說過「台獨是嗥哮吔！」，意思說「騙百老姓的」，陳阿扁更說：「嘿不可能吔代誌啦！」即然台獨都說不可能，爲何仍有一群搞獨的人，不外謀「利」而已。試想，一旦搞上了，有多少「大位」，總統、部長、院長、國政顧問、秘書長、委員、代表……這些「大位」也代表「大錢」。又，在中國歷史上，分離政權（如台獨）通常是暫時，搞上大位後，個個心知肚明，以最快手法搞錢，明搞暗搞，五鬼搬運，撈飽吃飽，快快閃人並將搞來的錢財藏於海外五大洲，陳水扁「僞政權」及其家族正是活生生例子。春秋大義怎饒得了他們！

獨立即不可能，那就統一吧！我不是說現在就統一，而是未來的「終統」。能夠講「終統」固然是所有統派人馬心中所願，但也無幾人敢公開誠實的告訴國人，統一才是未來路。所以，說「勇者、誠者，星雲大師！」看這篇社論，大師不光是針對陳阿扁宣佈國統會終止運作，而是真誠勇敢指出台灣未來趨勢：

回顧中國五千多年歷史，從春秋戰國……最後都歸於統一。統一是必然的趨勢，「一個中國」必是散居在全世界的中國人，未來共同的選擇與期盼，這是時代的潮流，身為台灣領導人應該要有歷史觀，要能看得遠，要為全民的安全福祉著想，千萬不要逆勢而為。

星雲大師在社論中提到一個「弔詭」的問題，說「現在中國既沒有要急統，台灣何必要急獨呢？」大師說的算很保留。我「打開天窗說亮話」，大陸「現在」根本不想統一，連外蒙古（今蒙古國）「請求」統一，回歸祖國，大陸都不想回應。非不統一也，時機未到，此刻把你們「放著」，另有更大用處，讓全世界看著，中國現在尚有「外患」（介入統獨的外國勢力），中國好加緊建設，積極備戰。對內，讓人民看見「問題」看到未來「目標」，也好鞏固內部團結。

因此，現在大陸基本上仍謹守鄧小平的忠言，「不要太早把頭伸出來。」政策上類似美國十九世紀初期的門羅主義（Monroe Doctrine）（附註）。反正看準台灣不敢真搞獨立，就讓你們鬥吧！全世界也沒有那個「不長眼睛的國家」，敢公然支持台灣獨立。（就算向前推一百餘年，中國處於最弱的滿清末年，還是沒有任何國家敢公開支持當時的「台灣民主國」，奇怪吧！也不奇怪。）

專論

「終止國統論」之我見

人間福報 95.3.1

星雲

美國時間二月二十七日早晨，我在美國洛杉磯西來寺，看到《世界日報》頭版頭條：「扁宣布國統會終止運作」的消息，證實陳總統對外不顧全美輿論反對，對內在沒有民意基礎，甚至民進黨內也有多人不表贊同的情況下，一意孤行的宣布「終止國統」。此與之前的「廢統論」，不管是「廢除」或「終止」，都只是文字遊戲，看在中國大陸眼裡，認為這破壞了兩岸和諧，因此恐將再把兩岸的緊張關係推向最高點，不免令人憂心，尤其對陳總統如此不重視民意，斷然以其個人意志來決定兩千三百萬人民的未來，期期以為不可。

現在台灣人民對兩岸的未來，雖然有人主張統一，也有少數人主張獨立，但多數人莫不希望兩岸能維持現狀。儘管陳水扁在他的「七點宣示」裡特別強調，「國統會」終止運作及《國統綱領》終止適用，不涉及現狀的改變，但事實上對岸的解讀，則認定這是「台獨升級」的言論，換句話說，台灣一有「台獨」的動作或言論，都將給大陸有動武的口實，如此一來又如何能維持現狀呢？這也是美國政府一再對此事表達關切的主因。

誠如民進黨立委林濁水所說，「廢統」的傷害不在即刻性的危險，而是台、美的朋友關係被搞壞，有長遠的傷害。林立委認為，陳總統現在只是在努力捍衛他的地位，訴求基本教義派的支持，已經不再改善兩岸關係，更不在意與美國的關係，因此他憂心這種情況繼續下去，會讓民進黨愈來愈小，台灣處境會愈來愈困難。

林立委的憂心，其實也代表了多數台灣人民的心聲，因此不管「廢除」國統綱領也好，「終止」國統綱領也罷，台灣現在不需要消極的大玩政治語言遊戲，而是應該積極的在國家建設上有所作為；兩岸之間也不要被歷史影響，應該忘記過去、建設未來。兩岸之間果真要維持現狀，應該從友誼交流著手，而不是一直在「統獨」議題上大作文章；再說，姑且不論台灣有無獨立的條件，現在中國既沒有要「急統」，台灣又何必「急獨」呢？一切維持現狀不是很好嗎？

回顧中國五千多年歷史，從春秋戰國的諸侯分治，到三國時代的三足鼎立，乃至五胡十六國、唐後的梁唐晉漢周五代，甚至到了民國的軍閥割據，最後都是歸於統一。統一是必然的趨勢，「一個中國」必是散居在全世界的中國人，未來共同的選擇與期盼，這是時代的潮流，身為台灣領導人應該要有歷史觀，要能看得遠，要為全民的安全福祉著想，千萬不要逆勢而為。

目前台灣當務之急，如國民黨主席馬英九說：「統獨論戰放兩邊，民生經濟擺中間」，馬英九甚至針對「廢統論」，喊出「廢統」，不如「廢總統」，這固然是馬主席的感慨之論，但是台灣現在應該在既有的基礎下，好好發展經濟、鞏固內政、安定社會民心，對兩岸之間應該多往好處想，多做一些友好的交流。

中國一向有「敦親睦鄰」的優良傳統，兩岸之間雖有一水之隔，但同是炎黃子孫，何必弄得水火不容呢？如果陳總統罔顧全世界，尤其美國的輿論，一再挑釁，果真給中國有動武的理由，這絕非全民之福，因此希望政治領導人，一言一行要多加三思，多為全民的福祉設想，這才是一個領導人所當為。

國際佛光會創會會長

但是，「急獨」便是「急統」，別以為「現在」大陸不想統一，你便真的宣佈獨立了。若然，便也立既統一了。有一回，一群朋友聊天，聊到統獨，我突然說：「你們知道嗎？民進黨和國民黨都是統派的。」一群人投過來訝異的眼神，都想聽我講「道」。

我說：「民進黨若今天宣佈台灣獨立，明天中國即以武力統一中國，所以民進黨也是統派，且是急統；而國民黨不會宣佈台灣獨立，他們慢慢來，所以是緩統，拖幾年後還是統一。」

眾人這才悟道，原來民進黨還是「急統派」。惟不論急統、緩統、終統、或小馬說的現階段「不統、不獨、不武」，基本上都是暫時的，終歸要統一。所以星雲大師才說「統一是必然趨勢」，台灣在內鬥，只是內耗而已，不過加速統一。（民九十五春草於台北萬盛草堂　陳福成）

附註：一八二三年十二月三日，美國門羅總統在致國會咨文中，發表三點聲明：㈠美洲大陸不應再為歐洲強權殖民對象。㈡美國將不介入歐洲戰爭。㈢美國不容忍歐洲強權國家擴張他們的政治制度於美洲，干涉拉丁美洲各國的獨立。

吾人檢視中國今天的政策，是否和門羅總統神似呢？我只說「類似」，未言「相同」。